"十三五"国家重点出版物出版规划项目

"一带一路"核心区语言战略研究丛书

邢欣　总主编

"一带一路"语言研究新视野

邢欣　郭安　张全生 著

南闻大學出版社

天　津

图书在版编目(CIP)数据

"一带一路"语言研究新视野 / 邢欣，郭安，张全生著.－天津:南开大学出版社，2022.12
("一带一路"核心区语言战略研究丛书 / 邢欣总主编)
ISBN 978-7-310-06059-7

Ⅰ.①一… Ⅱ.①邢… ②郭… ③张… Ⅲ.①语言学－研究 Ⅳ.①H0

中国版本图书馆 CIP 数据核字(2021)第 002507 号

"一带一路"语言研究新视野
"YI DAI YI LU" YUYAN YANJIU XIN SHIYE

南开大学出版社出版发行
出版人:陈　敬
地址:天津市南开区卫津路 94 号　　邮政编码:300071
营销部电话:(022)23508339　营销部传真:(022)23508542
https://nkup.nankai.edu.cn

天津泰宇印务有限公司印刷　全国各地新华书店经销
2022 年 12 月第 1 版　　2022 年 12 月第 1 次印刷
235×165 毫米　16 开本　13 印张　2 插页　200 千字
定价:68.00 元

如遇图书印装质量问题,请与本社营销部联系调换,电话:(022)23508339

"十三五"国家重点出版物出版规划项目"'一带一路'核心区语言战略研究丛书"结项成果

国家社科基金重大项目"面向新疆义务教育的语言资源数据库建设及应用研究"（20&ZD293）阶段性成果

新疆大学天山学者科研资助项目成果

中国传媒大学"双一流"建设重大项目"新媒体中的'一带一路'对外语言传播策略及语言服务研究"（CUC18CX07）成果

深入语言生活　回答时代提问（代序）

2013 年 9 月与 10 月，习近平主席在出访哈萨克斯坦和印度尼西亚时，提出了"一带一路"倡议，这是中国向世界提出的一个新概念，也是一个涉及国内外的新行动。2015 年 3 月，《推动共建丝绸之路经济带和21 世纪海上丝绸之路的愿景与行动》发布，"一带一路"的概念逐渐清晰，行动逐渐有序。2017 年 5 月，"一带一路"国际合作高峰论坛在北京举行，"一带一路"建设进入全面推进阶段，并产生了重要的国际影响和国际互动。

"一带一路"倡议首先是经济愿景，但经济愿景也必须与政治、文化、科技等联动并发。"一带一路"倡议不是中国的独角戏，而是互动的，共赢的。在"一带一路"建设推进的过程中，中国将构建全方位开放的新格局，深度融入世界经济体系；同时，它也强调国家间发展规划的相互对接，区域合作、国际合作将得到前所未有的加强，从而惠及他国，造福人类。

"一带一路"需要语言铺路，这已经成为四年多来关于"一带一路"建设的共识。但是，"一带一路"建设中究竟存在哪些语言问题，语言将怎样发挥"铺路"的功能，还是一个具有时代意义的课题，也是一个时代性的提问。邢欣教授主编的"'一带一路'核心区语言战略研究丛书"，正是立时代潮头，得风气之先，在研究这一时代性的课题，在尝试回答这一时代性的提问。

这套丛书有许多特点，最大的特点是其系统性和应用性。所谓系统性，是丛书较为全面地研究了"一带一路"的语言问题，涉及国家语言安全战略、对外语言传播策略、领域语言人才培养模式、媒体传播话语体系建设、语言文化冲突消解策略等话题。可以说，这套丛书已经建构起了语言战略研究的系统的学术网络。所谓应用性，是指丛书从现实入手，收集材料，透彻观察，深入分析，探索最佳发展模式，提出具体解决措施，以求应用于相关政策的制定和相关工作的实施。

能够在如此短暂的时间内，深入实际，发现问题，提出举措，并形成一整套丛书，是与这一研究团队的组成密切相关的。丛书主编邢欣教授，长期在新疆生活和工作，对新疆充满感情，对新疆的语言文字事业充满激情。后来，不管是求学于复旦大学，还是任教于南开大学、中国传媒大学，她都时时不忘新疆，承担了多个有关新疆的语言研究课题。特别是"一带一路"倡议的提出，更是激发了她的研究热情，促使她多次到新疆、到中亚实地调研，有亲身感受，有第一手资料，成为我国研究"一带一路"语言问题的先行者。

丛书各卷作者，有年长者，也有年轻人，但都是"学术老手"，在应用语言学的多个领域有学术根基，有丰富经验。同时，中国传媒大学和新疆大学、新疆师范大学几所高校在媒体传播研究、汉语国际教育等领域有平台优势，与"一带一路"沿线国家有频繁的文化、学术交流。该丛书的研究，也进一步促进了我国与中亚地区的学术合作，产生了较好的学术影响。丛书的这种工作模式是值得赞赏的。

语言学是经验学科，第一手研究资料，对研究对象的亲身感知，都很重要。获取第一手资料，感知研究对象，就必须多做田野工作。当然，不同的语言学科有不同的"田野"，现实语言调查、社会语言实践、古籍文献阅读、语言教学的对比实验、计算语言学的实验室等，都是语言学家的"田野"，都是现实的语言生活。本丛书的学术团队有着强烈的学术使命感，更有良好的学风，到"田野"去，到语言生活中去，去研究国家发展最需要解决的语言问题。这种学术精神，是值得提倡的。

李宇明

2018 年 2 月 19 日

农历雨水之日

序

"一带一路"倡议提出以来，我国在经济、文化、教育等各领域的相关工作逐渐展开，政策沟通、设施联通、贸易畅通、资金融通、民心相通已经被明确为愿景方略和行动目标。沿线国家和地区也对我国的倡议积极响应，为展开全面合作进行对接。在这一双向交流的过程中产生的语言文化问题，引发了学术界对"一带一路"中语言的重要作用的关注和讨论。

邢欣教授主编的"'一带一路'核心区语言战略研究丛书"以学术研究服务国家发展为己任，从语言战略构建的高度，深入研究服务于"一带一路"实施的语言问题，无论于学术还是于社会实践，都具有重要的价值。

几年来，在不同场合，邢欣教授都在不断地阐释"'一带一路'核心区"的理念。她认为，"丝绸之路经济带"核心区将在"一带一路"建设中发挥窗口作用。作为重要的交通枢纽、商贸物流和文化科教中心，它涉及的多国家、多语种的语言问题尤为典型。这一判断是基于邢欣教授及其团队的大量调查而形成的。

这套丛书提出了以语言服务为主的语言战略新思路，它符合"一带一路"建设的目标和需求，是切实而有远见的。丛书中关注的国际化专业汉语人才培养、媒体报道语言热点等问题，也紧紧扣住了语言服务这一核心点，把握了"一带一路"总体布局下的语言战略问题的脉搏。同时，丛书中包含的旨在促进"民心相通"的留学生的文化碰撞与适应、语言适应和语言传承等研究内容，紧密贴合了"一带一路"的框架思路，表明了丛书作者对语言与国家方略的关系的透彻理解和深刻立意。

邢欣教授具有语言本体、民族语言和语言应用等多方面的研究经验，成果丰硕。近年来组织一批语言学、语言规划、语言教育等各方面的专家，就"一带一路"核心区之一——新疆的语言问题进行专门研究，形成了一支有机配合的研究团队，赴多个"一带一路"沿线国家进行了多次调研，组织了多场学术研讨会，陆续发表了一批有重要影响的文章。这套丛书就是在此基础上完成的。

丛书的作者有民族语言学、社会语言学方面的知名学者，有活跃在教学科研第一线的高校骨干教师，也有近几年获取博士学位走上相关岗位的青年新秀。集中多方面研究力量形成的研究成果具有视角新颖、内容丰富、应用性强的特点，将对语言战略研究理论和"一带一路"建设各领域的实践都会产生积极影响。

在这套丛书申请立项过程中，我有幸成为先读者，深为他们的精神所感动。值丛书出版之际，邢欣教授要我写几句话，就有了上面这段文字。

是为序。

2018 年 2 月 25 日

丛书前言

"一带一路"倡议是我国政府提出的以经济发展带动世界各国繁荣和谐的新愿景和行动纲领，是"具有原创性、时代性的概念和理论"指导下的治国新理念，具有重大而深远的意义。目前，"一带一路"建设已"逐渐从理念转化为行动，从愿景转变为现实"。截至 2018 年底，全球已有122 个国家和 29 个国际组织积极支持和参与"一带一路"建设，在政策沟通、设施联通、贸易畅通、资金融通、民心相通五个方面全面推进。交流互鉴、合作共赢、共同发展已成为我国与沿线国家的共识，政治互信、经济融合、文化包容的利益共同体、命运共同体和责任共同体正在一步步形成。"一带一路"建设的核心点在各国共建上，而国际上的政治、经济、法律、商贸、文化、教育等交流活动都离不开"语言"这一物质载体，语言成为合作共建、民心相通的关键要素。因此，构建符合时代需求的语言发展战略，成为"一带一路"建设中的基础性工程。

"一带一路"倡议提出以来，国内各个领域的相关研究蓬勃开展。从2014 年起，语言学界也逐渐投入到这一研究中来，接连发表了一系列研究成果，提出了许多有建设性的观点和建议。特别是李宇明先生于 2015年 9 月 22 日在《人民日报》上发表的《"一带一路"需要语言铺路》一文，为"一带一路"研究中的语言政策研究提供了依据。从语言学界的研究来看，大家已经基本达成了共识，即"一带一路"建设的顺利进行离不开语言保障，围绕"一带一路"的语言研究势在必行。我们这一研究课题正是产生于"一带一路"建设的大背景下，不是只与语言学相关，而是具有跨学科的性质；其成果也将不仅应用于语言学相关领域，还将与社会各层面相对接。因此，在研究思路上，我们搭建了一个理论与应用相结合的框架。在理论上，解决好语言政策与对外语言传播政策的对接，汉语教学与汉语国际教育语言人才培养政策的对接，以及国家语言安全战略与"一带一路"语言服务的对接；在应用上，把握服务于语言需求这一主线，在语言人才培养、媒体语言传播、"互联网+"语言公共服务平台建设等方面提供策略建议。在研究方法上，以实地调查为重心，深入调研，充分占有第一手资料。

根据基本的研究框架，我们先后组建了"'一带一路'核心区语言战略研究"课题组和"面向中亚国家的语言需求及语言服务研究"项目组，获得了国家语委重大项目、国家社科基金重点项目，以及新疆大学和中国传媒大学"双一流"大学专项建设资金的支持；同时，规划了预期研究成果，形成了"'一带一路'核心区语言战略研究丛书"。南开大学出版社以该套丛书申报了"十三五"国家重点出版物出版规划项目和2017年度国家出版基金项目，并顺利获批，为丛书的出版和成果的传播提供了保障。

我们希望这套丛书可以实现它的预期价值，主要包括以下几个方面：第一，提出面向"一带一路"沿线国家，以语言服务为主的语言发展战略，为国家语言规划和语言政策的新布局提供理论依据，为"一带一路"语言战略智库建设提供策略建议；第二，丰富和完善语言文化研究的内涵，为对外语言文化交流提供建议，为促进民心相通提供语言服务；第三，研究语言文化冲突消解策略，为"一带一路"建设中潜在的，或可能出现的语言文化冲突提供化解方案，为跨文化交际的研究提供理论和实践的补充；第四，提出满足"一带一路"建设需求的语言人才培养模式和急需人才语言培训模式，为领域汉语教学提供理论依据；第五，为汉语国际传播提供新的思路；第六，在"互联网+"思维下，提出建立语言需求库、人才资源库，以及搭建"语言公共服务+语言咨询服务"平台的理论方案。

在丛书撰写过程中，研究团队的各位作者发挥资源和平台优势，以严谨的科研态度和务实的工作作风开展研究，希望这些成果能经得起实践的检验。我们的研究团队成员主要是新疆大学、新疆师范大学、新疆教育学院、喀什大学等新疆高校的研究者和中国传媒大学的硕士生和博士生，感谢这些高校的大力支持，特别是新疆大学和中国传媒大学的大力支持。在本研究进行过程中，同行专家、各领域相关研究者给予了很多支持、帮助和指导；在实地调研中接受访谈和咨询的中资企业、孔子学院、高校、语言学院、华商协会组织、媒体等相关人员给予了大力配合和宝贵建议，这些都为本研究提供了实施条件和重要启发，在此一并深致谢忱！还要特别感谢李宇明教授、郭熙教授为丛书慨然作序，沈家煊先生在国家出版基金项目申请时对丛书给予肯定和推荐，给了我们莫大的鼓励和支持。最后要感谢南开大学出版社的无私相助，特别是田睿等编辑为本丛书出版殚精竭虑，付出了大量精力和心血，特此表示诚挚的谢意。

在编写本套丛书的过程中，我国提出的"一带一路"倡议得到了国际上越来越多国家的响应和支持，"一带一路"建设正在全面而深入地推进。这对语言应用研究提出了更多的课题和更高的要求。服务于"一带一路"建设，服务于国家和社会的发展需求，希望我们的研究能起到一定的积极作用。学术研究服务于社会发展和时代需要，是科研工作者的使命。我们最大的荣幸，是能得到广大读者的反馈和指正，使我们在研究的道路上能循着正确的方向探索，并获得源源不断的动力，坚持到底。

邢欣

2019 年 1 月

本书前言

中国提出的"一带一路"倡议不仅带动了中国的经济和建设外向型大发展，也推动了中国学术界研究思路的转型。近些年来，与"一带一路"相关的研究呈现出层见叠出的态势，涉及的领域涵盖各个方面。"一带一路"建设的实施离不开语言的交流沟通，语言架起了中国通向沿线国家的桥梁，助力中国的"一带一路"建设走向更加广阔的新天地。

语言在"一带一路"建设中发挥出了巨大能量，也带动了语言研究的新发展。在此基础上，我们近年来将研究的重心转移到"一带一路"语言研究上，取得了一些新的收获。在"一带一路"语言研究中，我们充分体会到"纸上得来终觉浅，绝知此事要躬行"。由此我们一边在书籍的大海中汲取相关的语言政策、语言规划等知识，一边走向"一带一路"的核心地区和沿线国家，边学边调查，在调查中形成了语言研究的一些新体会和新想法。在总结研究的基础上，我们将这本书的内容呈现给读者，以此为"一带一路"语言研究提供新的研究视野。

本书是在"一带一路"倡议的带动下，在重走丝绸之路的过程中逐步形成、逐步完善的。新丝路是语言的宝藏，是历史辉煌的延续，是中国和沿线国家的纽带，也是造福中国和世界的光明之路。在新丝路上，语言研究也开启了新航程。本书的"新"主要指研究角度的"新"，其中涉及了语言研究的六个方面。第一章"语言应用研究新动向"阐释了本书研究的总体思路和特色；从"一带一路"需求的角度探求语言研究的新动向，在时代背景下对语言战略研究进行回顾，提出"一带一路"倡议带动的语言研究新热点；对新闻媒体报道语言研究进行回顾，提出语言规划面临的新挑战等。在此基础上，提出"一带一路"语言发展战略的构建设想，这一设想包括面向沿线国家内外并举的语言发展战略构建，对外语言传播策略构建，对外语言文化交流与保护策略构建，语言文化冲突消解研究战略构建，"互联网+"模式下的"语言公共服务+语言咨询服务"平台构建等。第二章"语言需求调查新实践"提出"一带一路"语言调查关注点的转变，即由对内语言调查转向对外语言调查、由描写语言系统转向语言服务功能、由语言使用情况转向语言教育和人才培养的新想法。在此基础上，以中亚为例提出语言调查的新方向，即以语言需求为主的语言服务调查理念。此外，还介绍了中亚国家"一带一路"语言需求调查实录情况，并提出中亚语言需求调查的启示。第三章"语言服务新需求"提出了新时代语言服务的新理念和新功能，即沟通、教育、调节、叙事和传播功能，并对新中国汉语服务社会的代表作做了回顾，重点介绍了《现代汉语八百词》和三个平面语法理论；结合"一带一路"建设背景，提出了面向中亚的语言需求和语言服务；重点阐述了企业需求下的以中文教育为主的就业语言服务。第四章"国际中文教育新模式"阐述了对中文国际化人才培养模式和"丝绸之路经济带"核心区中文国际化人才培养模式的新思考，提出了智能化新时代融学科师资队伍建设的新理念；提出国际中文教育的几个重要支撑点；在本章最后，以哈萨克斯坦为例，论述了对象国的语言文字政策对国际中文教育的影响。第五章"民心相通新融合"讲述了中国与中亚国家人民之间的感人故事和中资企业在中亚的援建工程，阐述其对民心相通的促进作用；同时还介绍了中亚国家同中国在文化、艺术等方面友好往来的实例。

本书各章节由新疆大学天山学者讲座教授、中国传媒大学教授邢欣及团队成员共同完成，其中部分内容近年来由邢欣主笔发表在语言学期刊上。本书中第一章的第三、四节，第三章第三节的第二部分，第四章第二节第三部分的内容由北京华文学院郭安撰写，郭安还完成全书的初稿校对修改及图表修改工作。第三章第四节初稿由中国传媒大学硕士生张磊撰写，第五节由新疆师范大学文学院教授张全生撰写。其他各章节内容由邢欣主笔。

为完成本书的出版，南开大学出版社的编辑李骏、田睿在编审方面花费了大量的时间和精力。作为本书的主要作者，我在此对参加写作的所有作者表示感谢，对新疆大学和中国传媒大学的大力支持表示感谢。此外还要特别感谢著名的语言政策研究专家和开创者李宇明先生、郭熙先生在百忙之中为本丛书作序。

邢欣

2021 年 11 月

目　录

第一章　语言应用研究新动向 …………………………………………… 1

第一节　"一带一路"呼唤语言研究的转变 ……………………… 3

第二节　时代背景下语言战略研究的兴起 ……………………… 4

第三节　"一带一路"倡议带出语言研究新热点 ………………… 9

第四节　新闻媒体报道语言研究的开启 ………………………… 13

第五节　"一带一路"语言研究的理论思考 …………………… 16

第六节　"一带一路"语言发展战略构建 ……………………… 22

参考文献 ………………………………………………………… 27

第二章　语言需求调查新实践 …………………………………………… 37

第一节　"一带一路"语言调查关注点的转变 ………………… 39

第二节　语言调查的新方向——以中亚为例 …………………… 46

第三节　中亚国家"一带一路"语言需求调查实录 …………… 55

第四节　"一带一路"中亚语言需求调查启示 ………………… 59

第五节　城市语言商业景观调查 ………………………………… 64

参考文献 ………………………………………………………… 77

第三章　语言服务新需求 ………………………………………………… 81

第一节　新时代语言服务的新理念和新功能 …………………… 83

第二节　"一带一路"倡议下的语言需求与语言服务 ………… 95

第三节　面向中亚的语言需求与语言服务 …………………… 100

第四节　语言助力"一带一路"企业的发展 ………………… 110

第五节　中亚中资企业的本土人才需求 ……………………… 119

参考文献 ………………………………………………………… 128

第四章　国际中文教育新模式 ………………………………………… 131

第一节　中文国际化人才培养模式的转型 …………………… 133

第二节 “丝绸之路经济带”核心区中文国际化人才培养模式
　　　　新思考 ……………………………………………………… 144

第三节 国际中文教育的重要支撑点 ……………………………… 153

第四节 哈萨克斯坦文字拉丁化改革对中文教学与文化交流的
　　　　积极影响 ……………………………………………………… 161

参考文献 ………………………………………………………………… 168

第五章　民心相通新融合 …………………………………………………… 171

第一节 “一带”连中亚　民心促发展 ……………………………… 173

第二节 文化互交流　文明共分享 …………………………………… 178

第三节 语言搭桥梁　艺术增友谊 …………………………………… 184

第四节 民间心相通　共建丝绸路 …………………………………… 187

参考文献 ………………………………………………………………… 189

第一章
语言应用研究新动向

第一节　"一带一路"呼唤语言研究的转变

21 世纪以来，世界进入以和平、发展、合作、共赢为主题的新时代，面对复苏乏力的全球经济形势、纷繁复杂的国际和地区局面，中国政府意识到传承和弘扬丝绸之路精神更显重要和珍贵。在此基础上，2013年 9 月和 10 月，中国国家主席习近平在出访中亚和东南亚国家期间，先后提出共建"丝绸之路经济带"和"21 世纪海上丝绸之路"的重大倡议（简称"一带一路"），得到国际社会高度关注。2015 年初，国家发展改革委、外交部、商务部联合发布了《推动共建丝绸之路经济带和 21 世纪海上丝绸之路的愿景与行动》（以下简称《愿景与行动》），进一步对中国各地区在"一带一路"建设中的地位和作用做了明确的界定。

依托"一带一路"，各国之间能更好地进行政治、经济、法律、文化、教育等交流活动，这一系列的交流活动都离不开语言，"一带一路"需要语言铺路（李明宇，2015a）。在跨国的政治、经济、法律、文化、教育等交流活动中，各国之间的语言沟通显得至关重要。因此，语言文化的相关建设显然已成为"一带一路"沿线国家对外开放建设中的灵魂建设，这也成为"一带一路"语言战略研究的重中之重。可以说，"一带一路"能否顺利推进，与语言战略息息相关。首先需要重视"一带一路"各沿线国家的语言规划和语言政策问题，对这一问题的认识不仅仅局限在充分了解和掌握本国的语言规划和语言政策，还应该包括了解和把握"一带一路"周边国家的语言规划和语言政策。在充分了解和理解彼此语言规划和语言政策的基础上，积极探求和建设"一带一路"沿线国家都共同认可且切实可行的语言规划和语言政策。

此外，在积极探求、建设以及在日后贯彻和实施沿线国家语言规划和语言政策时，还应关注各国的语言认同问题，这是沿线国家语言规划和语言政策顺利贯彻实施的前提。关注这一问题，让沿线国家语言规划和语言政策真正地为"一带一路"倡议服务，这既有助于消解沿线国家的语言文化冲突，也有助于"一带一路"经济大发展能更好、更顺利、更快地实现；同时，也能为"一带一路"经济大发展过程中所急需的语言人才的培养提供宏观的、科学的指导，以真正实现"一带一路"经济大发展中政治、经济、法律、文化、教育等交流活动中语言交流的"大和平、大和谐"。

"一带一路"是促进共同发展、实现共同繁荣的合作共赢之路，是增进理解信任、加强全方位交流的和平友谊之路；"一带一路"的核心在各国共建上，通过和平合作、开放包容、互学互鉴，达到互利共赢；根据国家发布的《愿景与行动》文件精神，力图全方位推进务实合作，打造政治互信、经济融合、文化包容的利益共同体、命运共同体和责任共同体。在共建"一带一路"的过程中，必然会涉及与各国政策、贸易、民心相关的语言问题，也会给我们国家目前对内的语言战略提供新的构想，在语言上既有新的问题，又有新的机遇。在"一带一路"的国家布局下，语言政策和规划面临着新的布局和挑战。这包括三个方面：一是语言政策的重新调整和国家安全的研究，二是对外的语言传播策略研究（推广中文的海外传播，以此带动语言文化和中国形象的传播），三是沿线国家的语言调查和语言需求研究。这几方面的研究对推动"一带一路"倡议的实施具有重大的战略意义。

第二节　时代背景下语言战略研究的兴起

一、国家语言政策研究对"一带一路"语言研究的重要性

关于国家语言政策和语言规划研究状况，无论是国内还是国外都有许多介绍和讨论。关于语言规划方面的研究，国家语言文字工作委员会、教育部语言文字信息管理司、教育部语言文字应用研究所等机构近些年来制定了不少相关的方针政策。此外，很多专家在这方面都做了大量的研究工作。我国语言规划、语言战略的研究已经取得了丰硕的成果。"一带

一路"倡议是近几年才提出的国家重大政策，虽然提出的时间不长，语言学界的跟进也在近几年，但跟"一带一路"相关的语言规划和政策研究由来已久。这些研究成果对于"一带一路"语言问题的讨论具有十分重要的理论价值。

二、国家语言政策与语言规划研究的形成

有关语言政策和规划的研究在国外也属于新起步的学科。豪根（Haugen，1959）最先提出"语言规划"这一术语。在这之后，国外的学者开始从不同角度研究语言规划，如海因茨·克洛斯（Heinz Kloss，1967）区分了语言本体规划和语言地位规划；科瓦鲁维亚斯和费什曼（Cobarrubias ＆ Fishman，1983）讨论了影响语言规划制定的重要思想，包括语言同化、语言多样化、语言本土化、语言规划等多个方面；豪根（1983）讨论了语言规划的过程，主要包括选择、编典、施事、细化四个步骤；库珀（Copper，1989）认为语言规划包括创新的管理、市场营销实例、获得与保持权利的工具以及决策的实例四个部分；卡普兰和巴尔道夫（Kaplan ＆ Baldauf，1997，2003）提出了一个基于生态观念的语言规划模型（参见周庆生，2005；王辉，2013）。

通过梳理研究文献不难发现，语言政策问题研究实际上都与国家的语言规划以及社会语言学等相关学科的研究成果有关。在中国国家语言政策与规划研究方面，李宇明（2010，2014）、王建勤（2010）、苏金智（2012）等相继提出了我国的"语言战略"问题。李宇明（2010，2014）提出语言规划学的学科构想，认为新时期国家语言文字工作的语言规划应当做到解决语言问题，保护和开发语言资源，维护国家和公民的语言权利，等等。语言国情调查研究具有多方面意义，国家语委发布的 B 系列绿皮书《中国语言生活状况报告》，是中国语言国情调查研究的重大成果，它呈现集体性、全面性、客观性、权威性等重要特点，并富有创新价值、实际价值和学术价值，是具有开创性的佳作。周庆生（2001）描述了挪威萨米语言立法的历史背景，阐释了挪威的萨米人政策，分析了《萨米语言法》的内容，以及执行该法所能产生的实际效果，为我国进行语言立法工作提供了一定的参考。陈章太（2007）集中讨论了语言政策和语言规

划的性质、含义、对象、内容以及二者的关系等问题，进一步强调了语言立法的重要作用。赵世举（2015）针对语言与国家的关系问题进行了专门的探讨，提出"语言既是软实力也是硬实力"。苏金智 等（2013）也从国家和民族的高度探讨了语言与国家、民族相关的各个方面，如语言规划、语言认同、国家语言文字工作战略等。郭熙（2013）从语言规划的动因和效果的关系入手，联系特定的背景分析语言规划个案，分析政府、社会思潮、语言理念等因素对国语运动、推广普通话、汉字改革的影响。从使用规范的角度探讨语言政策与语言规划也是近年来讨论的重点。张一清（2012）讨论了国家通用语言文字规范的问题，指出了现有评价系统的优点和不足，建议建立更符合国家语言文字工作要求的新标准。姚喜双（2012）认为，大力推广和规范使用国家通用语言文字是我们解决在新时期所面对的各种语言失范问题的有效途径，是政治、经济、科技、文化发展的必然要求。郭龙生（2014）集中讨论了在语言变异大量出现的情况下出现的新的语言现象以及由此产生的新问题和解决对策等。陈章太（2005，2007）对语言规划的内涵以及学科性质做了详尽阐述；周庆生（2005）指出，语言规划研究领域出现的问题并不仅仅局限于语言方面，还涉及社会、政治、经济、民族和历史等诸多因素；孙宏开（2005）分析了近十年来少数民族语言文字规划出现的新情况和新问题（如少数民族濒危语言问题、加强少数民族语言信息化处理平台的建设问题等），并提出了解决这些问题的思路；郭龙生（2008）讨论了中国现代化进程中的语言生活、语言规划与语言保护问题，提出应处理好保护语言文化遗产与推广普通话的关系，按照以人为本、统筹兼顾原则开展语言规划与语言保护工作，注重保护语言多元格局，构建和谐语言生活。在对国外语言政策的介绍中，代表性的有王辉（2010）对澳大利亚语言政策的介绍，李桂南（2004）对新西兰语言政策的介绍，以及胡明勇 等（2005）对美国语言政策的介绍等。王春辉（2020）进一步将语言战略提升到国家治理层面展开讨论，认为目标、制度、价值三个子系统共同构成了语言治理的体系，而语言治理的内容则涵盖本体和应用两个大类。语言因素助力国家治理体现在政治、经济、社会等方方面面。国家治理对于语言结构和使用的影响也无处不在。他提出了三个视角：第一，语言治理是国家治理的有机组成部分；第二，语言因素助力国家治理；第三，国家治理影响语言的发展和使用。

通过国内外关于语言政策与语言规划问题的介绍，可以看出这一问题不仅涉及语言，而且涉及政治、经济、文化、法律等诸多领域，具有跨学科的性质。目前在政治、经济等领域里对"一带一路"建设相关问题讨论得十分热烈，我们发现，虽然没有明确提及语言问题，但是这些讨论所涉及的很多方面都可以给我们以语言学方面的启发。例如，相关讨论提出的发展教育和文化交流、沿途国家共同发展旅游业、开展多方合作、加强法律建设等意见在具体实施时都离不开对语言问题的深入探讨。

三、国家通用语言文字推广问题研究的拓展

为了尽快实现国家语言文字工作在新世纪的奋斗目标，进一步适应国际竞争的需要，构建人类命运共同体和铸牢中华民族共同体意识，国家通用语言文字的推广和普及以及中文的国际传播显得尤为重要，对此方面的语言研究也进入更深层次。其中，郭龙生（2005）分析、评估了当前国家通用语言文字的国内和国际传播战略，提出了如何科学有效地保障国家通用语言文字传播的建议；张一清（2012）探讨了语言文字规范评价系统的问题；姚喜双（2012）论述了推广普通话的必要性等；周庆生（2013）从主体性和多样性的视角描述了半个多世纪以来中国语言政策的发展脉络，认为在今后相当长的时期内，我国的语言政策要做到尊重语言文字的发展规律，注重主体性和多样性的辩证统一，应该在发挥国家通用语言文字主导作用的前提下，依法处理好少数民族语言文字、方言和繁体字以及外国语言文字的学习使用问题，使它们按照法律的要求各得其所、各展所长，从而切实保障社会语言生活的和谐健康等。近年来，随着国家脱贫攻坚战的深入进行和目标任务的完成，有关国家通用语言文字推广在脱贫攻坚中的作用方面的研究也有所增多，涉及少数民族贫困地区国家通用语言普查、培训等诸多方面。张全生 等（2019）对新疆南疆教育领域的师资普及国家通用语言的情况做了普查，结果显示近年来南疆维吾尔族教师对国家通用语言地位认识有了进一步提升，国家通用语言使用能力有了大幅度提高。

四、对国家语言安全问题的关注

当今社会，语言内涵不断丰富、功能不断拓展、价值不断提升，语言与国家的关系已经发生了深刻变化。语言对于国家治理、发展和安全的重要作用也越来越引起关注。有关语言与国家安全的研究也得到了前所未有的重视。例如，戴庆厦（2010）提出了"语言和谐"问题，并用大量实例表明目前我国的语言关系基本上是和谐的，但也有许多不和谐因素，应当引起高度关注。要遵循语言的客观规律，科学地处理好少数民族语言与国家通用语言的关系，要按科学发展观办事。戴曼纯（2011）从语言规划的安全需求及安全价值、外语人才的培养、小语种语言的开发利用等角度论证了提高国家语言能力的理据，并指出，对现行语言规划及外语教育中可能存在的问题需要认真反思、研究并加以解决，力图提高国家外语能力等。沈骑（2016）提出了国家语言安全体系构架的建议。赵世举（2019）从语言在国家安全中的角色和功能角度提出，国家安全要素、国家安全的重要领域、国家安全工具、国家安全引信、国家安全资源等在国家安全中具有十分重要的作用。沈骑（2020）认为语言安全问题经历了从社会语言学向语言社会学研究范式的转换，理论的应用价值与日俱增。这一理论流变揭示出语言安全问题需要从社会和政策层面予以应对和治理，这也意味着语言安全问题亟待从语言规划角度进行系统性研究。

五、对濒危语言保护问题的重视

濒危语言的保护、抢救等研究工作近年来引起语言学家的重视。在国内，随着环保生态以及可持续发展等话题的深入，对濒危语言的研究和保护也日渐成为一个重要的研究话题。戴庆厦 等（2001）讨论了中国濒危语言研究的定性、定位问题中诸如濒危语言研究在语言学学科中的地位、濒危语言研究中的术语、概念应如何确定等问题，认为濒危语言研究的主要任务是要解决定性、定位问题和进行个案调查，要研究原因、思考对策和措施；孙宏开（2001，2006）在介绍国际上有关濒危语言讨论的同时，提出濒危语言是全球性的问题，濒危语言问题是对文化多样性的一个严重的挑战，并论述了中国少数民族语言使用的情况，指出中国应重视濒危语言的调查研究，抓紧濒危语言资料的抢救和保存，同时采取有效措施、延缓弱势语言向濒危状态的转化等；李锦芳（2005）区分了中国处于濒危状态的语言为濒危语言和濒绝语言两类，分析了造成中国语言濒危的因素，认为濒危语言在语言使用和语言结构上有其特点，研究濒危语言对语言史、语言谱系分类以及民族历史文化传承都有独特的价值，提出中国濒危语言可通过借鉴国外经验采取立法保护、纳入政府和学术部门的工作范畴，并通过政府拨款立项建立中国濒危语言网站、定期召开学术会议、建立濒危语言保护示范村社等策略和措施进行保护，研究语言衰变的特点和规律，探寻减缓语言濒危趋势的办法，积极抢救、记录濒绝语言材料。

第三节　"一带一路"倡议带出语言研究新热点

一、"一带一路"倡议背景下的语言研究

（一）研究内容

随着"一带一路"倡议不断推进，有关"一带一路"的语言研究也有了更多的深入探讨，从研究的重点来看，包括以下几个方面："一带一路"中语言相通在民心相通中的重要性（李宇明，2015 b；梁红军，2015）；"一带一路"背景下的国家语言政策与规划研究（张日培，2015；赵蓉晖，2014；王辉，2015；杨亦鸣 等，2016）；在国内高校，特别是外语院校增设"一带一路"沿线国家语言的建议和规划（李宇明，2015 a，2015 b；沈骑，2015）；"一带一路"的语言服务需求，如针对个人的语言服务，以互联网为依托开展的语言服务等（魏晖，2015；赵世举，2015；邢欣、梁云，2016；邢欣、张全生，2016）；"一带一路"倡议下对少数民族语言资源的保护以及国家语言安全战略的探讨（牛汝极，2016；邢欣、邓新，2016）；跨境语言及民族研究（戴庆厦，2014；李锦芳，2013；周明朗，2014；周庆生，2014；郭龙生，2014；黄行 等，2015）。刘丹青（2015）提出在中国境内的国民语言能力可分成 9 类，认为目前的语言教

育体系还难以满足语言能力多样化的需求，语言教育的创新和提升必须建立在充分认识语言能力多样性的基础上。从这些研究中可以看到，语言学界围绕"一带一路"语言问题的研究既涉及微观层面的具体问题，又考虑到了宏观层面政策规划的顶层设计问题，这些研究成果无论是对"一带一路"建设本身，还是对相关语言问题的进一步研究都提供了有益的参考。

（二）中国知网数据分析

在中国知网上以"'一带一路'语言"为主题搜索，共有 3065 篇论文。其中 2020 年 1 至 6 月有 151 篇，2019 年共 774 篇，2018 年共 1011 篇，2017 年共 567 篇，2016 年共 427 篇，2015 年共 133 篇，2014 年和 2013 年各 1 篇。从这个数据可以看出，有关"一带一路"语言的研究是从 2015 年开始热起来的，并在 2015 至 2018 年论文数量逐年递增，增加幅度很大，从 2015 年的 100 多篇到 2018 年的 1000 多篇，之后 2019 年略有下降，有 700 多篇，而 2020 年由于受全球新冠肺炎疫情的影响，研究论文减少幅度较大，即便如此，也有 100 多篇论文在研究"一带一路"语言问题。

从研究主题内容来看，涉及的范围非常广泛，有"一带一路"建设、语言规划、语言服务、语言人才培养、国际中文教育、孔子学院、沿线国家语言、跨文化交际能力、商务语言、对外传播等等。

二、有关"后苏联空间国家"的研究

"后苏联空间国家"是对苏联解体后从苏联独立发展出来的 15 个国家[①]的新提法。这一提法不带有明显的政治色彩，近年来受到 15 个国家的普遍认可，解决了这些国家称谓的难题（张宏莉，2019）。早期对这些国家的语言政策和规划的专门研究主要集中于针对这些国家独立以后出现的语言问题。这些国家自 20 世纪 90 年代陆续宣布独立以来，在迈向现代国家的进程中面临着复杂的政治、历史和文化生态等诸多问题，其语言政策的主导方向是加强主体民族政治地位的建构。如，王尚达 等（2005）

---

① 这 15 个国家指：俄罗斯、白俄罗斯、乌克兰、摩尔多瓦、哈萨克斯坦、乌兹别克斯坦、塔吉克斯坦、吉尔吉斯斯坦、土库曼斯坦、阿塞拜疆、格鲁吉亚、亚美尼亚、立陶宛、拉脱维亚、爱沙尼亚。

回顾了中亚国家的语言政策，分析了语言政策的争论，讨论了双语问题；廖成梅（2011）讨论了语言政策对国家发展的影响等。

由于"一带一路"倡议首先在"后苏联空间国家"中的中亚国家提出，而且中亚国家是"一带一路"倡议能否顺利实施的重要沿线国家，所以有关中亚的研究被摆在首要位置。从目前研究现状来看，有关中亚语言的研究已经不少，细分大致有以下几个方面的内容。

（一）中亚国家概况研究

有关中亚国家的概况研究主要集中在语言政策介绍和文化传播方面（王新青，2015；张宏莉，2015；李建军，2013a；赵亮，2015）和中亚国家来华留学生学习汉语及文化适应方面（薛冬冬，2016；梁焱，2010，范祖奎，2009）。其中汉语教学研究占主要方面（谈宝君，2009；范晓玲等，2010），还有关于中亚地区汉语教育、孔子学院发展的研究（闫丽萍等，2014；邓新 等，2019）。在对中亚的文化研究方面，胡振华（2014）的文章细数了中国与中亚五国的文化交流纪实，具有代表性。

（二）哈萨克斯坦语言文化研究

中亚国家哈萨克斯坦在语言政策上推行哈、俄、英三语政策，其语言政策引发了国内研究界的兴趣，有政策研究（刘宏宇，2013），也有语言状况调查（张宏莉，2015；田成鹏 等，2015；马立新，2014；李发元，2016；闫新艳，2015）。有关汉语国际教育和推广的研究占了主流，涉及学生的学习情况、教材等研究（赛力克·穆斯塔帕 等，2010；孟长勇，2013；李建宏 等，2013；刘晓燕，2012；李琰 等，2012；闫新艳，2016）。

（三）塔吉克斯坦研究

关于塔吉克斯坦的研究包括对该国语言国情和语言教育的研究（郭卫东 等，2013；杜博，2013；李雅，2014），对汉语教学的研究（伊莉曼·艾孜买提 等，2014），还包括关于文化交流和文化词语的研究（夏添，2012；毛海霞，2011；焦景丹，2018）。

（四）吉尔吉斯斯坦研究

由于孔子学院在该国发展势头迅猛，全球第一所本科学历教育的孔子学院也设置在吉尔吉斯斯坦奥什国立大学孔子学院里，因此涉及该国汉语国际教育的研究比较多，有师资培训方面的（梁云 等，2012b；闫丽萍 等，2015），有汉语总体情况与具体教学问题的（范晓玲 等，2010），还有学习情况调查的（梁云 等，2012a；闫丽萍 等，2015；李建军，2013b），有关语言政策的讨论也不少（海淑英，2013；刘宏宇 等，2013；郭卫东 等，2011）。

（五）乌兹别克斯坦与土库曼斯坦研究

有关这两个国家的研究主要还是体现在汉语教学和语言政策上。有关于乌兹别克斯坦汉语教学各方面研究的（李雅梅，2008），有关于语言政策介绍和讨论的（李琰，2014），也有关于孔子学院发展的（刘星星，2016）。与其他几国相比，对乌兹别克斯坦文化现象和媒体中的中国形象的研究较多（任龙昌，2016；范晓倩，2016；赵靓，2016）。

对土库曼斯坦语言的研究较少。在汉语国际推广的研究上，李敬欢等（2013）讨论了该国的英语政策对汉语推广的启示及对策；肖贵纯（2014）探讨了该国开展汉语教育的主要问题；陆野（2015）探讨了留学生汉语学习问题。有关文化交流方面，胡振华（2014）对中国与土库曼斯坦在丝绸之路上的历史交流做了回顾，并提出"一带一路"中民族文化交流的对策。

综上可见，"一带一路"倡议提出前后的两个阶段研究主要表现出以下几个方面的特点。第一，"一带一路"倡议提出前的中亚语言文化研究关注点多集中在某一个国家或地区内的语言文化问题，语言文化教育方面的研究成果较多，语言文化研究主要是为国家或地区政治服务、为语言政策规划服务的。第二，"一带一路"倡议提出后的中亚语言文化研究关注点多集中在促进沿线国家间的政治、经济交往和文化交流，主要是为经济建设服务；语言政策和规划面临的问题不再局限在一个国家或一个局部地区内，"一带一路"倡议提出后的语言文化研究是为实现沿线多个国家的"五通"建设、实现共同繁荣发展和构建人类命运共同体的总目标服务的，这牵涉国内外政治、经济、法律、国家安全等多个方面的繁杂交错的语言文化问题。第三，通过梳理中亚地区语言文化状况的研究文献，我们发现，"一带一路"倡议提出后，紧密联系"一带一路"沿线国家语言文化的相关研究成果仍然相对较少，远不能满足"一带一路"建设发展的需要。

第四节 新闻媒体报道语言研究的开启

媒体报道语言属于新闻语言的一部分，在以往的研究中不少语言学界与新闻学界的学者都关注到了新闻语言的重要性和特殊性，开展了对新闻语言的探讨。总的来说，新闻报道语言研究目前在语言研究中着墨并不是很多，大概可以分为下述几个角度。

一、新闻报道语言特点研究

早期，语言学界对新闻语言的关注点主要在词汇和文风方面。我国著名语言学家吕叔湘在 1986 年举行的《新闻业务》杂志座谈会上就对提高新闻语言的水平以及改进新闻文风给出了意见（李洪启，1986）。而自蓝鸿文 等（1989）提出建立"新闻语言学"作为一个独立的学科之后，运用语言学的研究方法对新闻语言进行深入系统的研究就逐渐成为一种趋势。韩书庚（2010）把新闻语言分为新闻（语言）语音学、新闻（语言）词汇学和新闻（语言）语法学。尹世超（2001）专门针对新闻的标题（篇名）做了具体详细的研究，他根据不同的标准，将标题分为报道性标题和称名性标题，有标记标题和无标记标题等。除此之外，从其他角度对新闻语言进行的研究也颇多。罗远林（1994）主要研究了新闻报道的修辞手法；李元授 等（2001）运用新闻学和语言学原理，并借鉴心理学、传播学、编辑学等相关理论和方法，探讨了新闻语言的基本要求、新闻语体的特点等内容；廖艳君（2006）从语言学角度对新闻报道进行了分析和研究，以篇章语言学、系统功能语法、语用学、认知语言学等理论为指导，从新闻语篇的语体分类，消息语篇的话题结构衔接、语义信息衔接、语法衔接以及词汇衔接的主要表现形式等方面，对新闻报道语体进行了完整的语篇分析和研究。对于网络新闻语言的研究，分为两个方面。一是从新闻传播学视角出发的研究，主要研究网络新闻的可信度、汉英翻译及其与报纸新闻的比较等。蒋红梅（2013）分析了当下网络新闻信息可信度发生的变化，并对网络新闻可信度的提升提出建议；徐林（2011）分析了网络新闻的汉英翻译特点，从网络新闻语料的选取、标题的编译等方面对网络新闻的翻译提出了建议。二是从语言学角度对网络新闻的研究，主要从语法和语用的角度展开。段业辉（2007）从语法的角度对网络新闻语言中的通信语言、评论语言、消息语言的特点进行分析；武金燕（2012）从语用预设的特点研究网络新闻的设计策略；林纲（2012）从功能语法角度运用信息结构理论和主位结构理论来研究报纸、电视、广播和网络四种媒体新闻语言（参见胡悦，2016；孙晓娜，2016）。

二、电视新闻专题栏目语言研究

这一部分研究集中在选题原则、人物呈现技巧以及有声语言等方面。从电视新闻专题片选题原则角度的研究如下。贺丛周 等（2010）从电视新闻专题片选题的可操作性原则、价值性原则、需求性原则、可拓展性原则等方面入手，阐述电视新闻专题片的选题原则与选题艺术。王大莹（2009）在谈到新闻选题时，强调首先要从新闻五大要素入手；其次看事物的变异程度深不深，变异程度越深，新闻价值越大；再次看新闻是否出新；从次看选题是否为大众普遍关注；最后强调无论是经济新闻、时政新闻还是社会新闻，都要把握正确的舆论导向，发挥积极意义。王浩（2013）从电视新闻专题片创作的三大板块入手，对如何正确认识电视新闻专题片的选题，电视新闻专题片好的选题的重要意义，电视新闻专题片的选题原则分别进行阐述。从电视新闻专题片的人物呈现技巧来解读的学者比较多，具体如下。张莹（2015）主要从电视新闻专题片策划和拍摄阶段对人物的呈现技巧进行解读，主张从主持人、嘉宾、出镜记者等角度出发，并认为电视新闻专题片的题材策划是人物呈现技巧之一；此外，还强调拍摄时要注重人物的自我呈现技巧，只有这样才能将人物更好地呈现在观众面前，充分发挥电视新闻专题片的重要作用。从有声语言角度的研究如下。李旭东（2011）认为节目主持人作为有声语言的传递者和表达者，提高自己的语言表达技巧和能力，从而增强有声语言的感染力十分重要。作品演播时，首先需要明确自己的角色位置，一旦明确了定位，就有了和听众沟通的"人物"。准确把握作品的基本情调，才能构建作品表达的基本情感曲线。从语言学角度对电视新闻专题片的研究主要集中在语用学方面。邱春安（2006）通过会话分析理论对英美国家电视新闻访谈节目语料进行分析，发现在电视新闻访谈节目中，受访者在采访中没有对记者的观点做出反馈，这是遵循新闻访谈话轮转换规则的体现。同时，文章分析了受访者结束话轮时的两种言语特征，一种是答话对问话的全部或者部分重复，另一种是用一些标记话语结束的词或者表达（参见高丽，2018）。

三、有关"一带一路"电视新闻节目研究

自"一带一路"倡议提出以来，我国电视新闻专题栏目也应运而生。付松聚（2017）从节目传播创新的角度来解读《直通"一带一路"》的传播理念、内容构建、选题方向、传播手段四个方面的特色。此外，有关"一带一路"的电视节目还有纪录片和访谈节目。辛国强（2015）指出，电视纪录片要从历史和现实的高度出发，用宽广的视野和故事化的手段来解读"一带一路"的时代背景、行业发展态势以及发展前景等，以展现当代中国的区域发展和对外开放，让公众通过纪录片来更好地了解、认同进而参与"一带一路"建设。从电视节目内容角度的研究也有不少。金震茅（2015）谈到，"一带一路"赋予纪录片新的内涵，在今后的一个时期，"一带一路"纪录片是沟通中国梦与世界梦的桥梁，今后的"一带一路"题材纪录片要从更广阔的全球化视野深层次地呈现中华民族的伟大复兴，不但要追溯历史，还要激发活力，创造新机遇。"吕耀明 等（2016）以宁夏卫视访谈节目《解码"一带一路"》为研究对象，从节目的策划、舆论导向作用的角度进行了研究分析。文章认为这档访谈节目在弘扬丝路精神，宣传并解读国家"一带一路"有关政策措施，展示"一带一路"建设对中国及沿线国家经济发展的积极作用等方面做出了贡献和努力；认为该节目在构建"一带一路"互利合作、共创"一带一路"新型合作模式、打造"一带一路"多元合作平台、推进"一带一路"重点领域项目等方面提供了有力的舆论支持；此外，文章还从节目策划等角度思考了如何更好地让中国故事传向世界。邓琪 等（2004）运用话语分析基本原理，对访谈节目中会话的开头语以及如何控制会话过程以达到会话目的进行分析，并运用伯明翰学派话语分析模式，对访谈节目中会话的特点进行了具

体分析；此外，文章认为在访谈节目的发展中，随着观众的参与程度不断加深，观众也成为访谈节目的一个重要对话群体（参见周亚星，2017）。

第五节 "一带一路"语言研究的理论思考

一、语言规划面临的新挑战①

现有的语言研究现状与"一带一路"的对接是新时期语言研究面临的新挑战。我国语言政策与规划研究一直以来重点关注国内研究，尽管语言政策理论主要借鉴和参考了国外的相关理论，但是涉及具体的政策和规划时，主要针对的还是国内的语言政策和语言规划。随着"一带一路"倡议的提出，国家多层面、全方位"走出去"，在这个过程中更需要我们对沿线各个国家的语言需求有所了解，对中文国际传播有系统规划，并能更快地与沿线国家相互融合，构建人类命运共同体。这就亟须对"一带一路"沿线国家的语言政策和语言使用状况有更加深入和全面的了解，对中文教学的需求有所掌握，以便服务于"一带一路"倡议的实施。这些语言政策与规划的研究和实施都面临着新挑战，因此需要转变思路，做好与"一带一路"倡议的接轨。

（一）对内语言政策与对外语言传播政策的对接

中国的语言资源丰富，有多种方言与少数民族语言，同时根据《中华人民共和国国家通用语言文字法》②第三条"国家推广普通话，推行规范汉字"，第四条"公民有学习和使用国家通用语言文字的权利"，近年来，国家加大了国家通用语言文字的推广和普及力度。这些语言政策的实施更多涉及的是国内的研究视野，随着"一带一路"的进一步深入，沿线国家掀起了学习中文的热潮，同时国内也亟须调整外语学习策略，以解决

---

① 这部分在邢欣、邓新的论文《"一带一路"核心区语言战略构建》（《双语教育研究》2016 年第 1 期）基础上修改完成。
②《中华人民共和国国家通用语言文字法》由中国民主法制出版社于 2000 年 11 月出版。

除英语之外的其他语种人才奇缺的问题。此外，中国经济贸易和文化交流的"走出去"战略也急需相关人员对沿线国家的语言政策有所了解和学习，以进一步服务于"一带一路"倡议的实施。"一带一路"倡议带来的新挑战是要促进国内语言政策与对外语言传播的接轨，进而促进语言研究向服务于"一带一路"倡议需求转变。我们有必要在现有基础上不断推进新的语言政策的实施，创新形式和内容，与时俱进，为"一带一路"建设提供充足的语言人才，做好与对外语言传播的接轨。在做好海外孔子学院创建以及来华留学生中文教学的同时，还需要开辟更多的语言传播途径。

（二）国家语言安全战略与"一带一路"语言服务的对接

"一带一路"倡议涉及语言战略问题，这再次引发了从国家语言安全角度对语言的讨论。例如，"一带一路"沿线涉及的国家众多，涉及的官方语言或国家通用语接近 50 种，情况十分复杂，如果处理不好，可能影响到我国与别国的关系甚至国家的安全。在"一带一路"建设背景下，互联网的安全也可能对国家安全造成影响。在国际地区局势纷繁复杂的背景下，提高语言安全意识十分必要，要充分考虑语言安全问题。但是为了适应"一带一路"合作共建的需要，也有必要转变思路，即从以往防御性语言战略思维为主转向积极性语言相通共融及语言服务战略思维上来，深化对语言服务功能的研究，实现语言安全与服务的对接。例如，在合作共建中充分发挥外语人才和来华留学生在语言上的优势，不仅能为"一带一路"各项具体建设服务，而且能够为对外语言文化传播服务。又如，基于互联网的新媒体语言公共服务和语言咨询平台的建设，可以直接为"一带一路"上的经济建设和基础设施建设以及旅游、口岸贸易、沿线国家文化交流等提供服务。蔡武（2014）提出，建设"一带一路"有助于各国通过合作来促进共同安全，有效管控分歧和争端，推动各国的协调与和谐，使沿线国家成为和睦相处的好邻居、同舟共济的好朋友、休戚与共的好伙伴。在这一点上，语言的沟通服务功能的发挥是重要的保障。

本书研究思路主要围绕国家提出的"一带一路"倡议中的语言需求和语言服务展开，明确提出了研究必须为国家的"一带一路"语言政策服务，为"一带一路"语言需求服务的目标；主要方向在于通过对"一带一路"相关的中亚语言需求研究提出语言应用研究的新视野。有关中亚国家的语言状况研究是一个庞大的题目，就是中亚国家本国学者也很难揭示全貌，而这一研究并不是"一带一路"语言的研究主题。我们的研究围绕"一带一路"倡议"五通"建设中的语言进行。

二、语言研究的求新思路

"一带一路"倡议的实施，离不开语言的交流沟通，语言在"一带一路"建设中发挥出巨大能量，助力中国的"一带一路"倡议走向更加广阔的新天地。在"一带一路"倡议的带动下，语言研究也实现了新发展。丝绸之路是语言的宝藏，语言研究在重走丝绸之路的过程中，逐步拓展研究内容，从语言战略角度构建"一带一路"语言研究新视野。这里的求"新"主要指研究角度的"新"，在求"新"的过程中形成新的思考。在理论体系构建上，我们的求新路径是：初步调研后的理论构建——多次深入实地调查后提出建议和语言调查的新角度——提出建立在调查基础上的"一带一路"语言需求理论——提出"一带一路"国际中文教育新模式——提出民心相通中的语言文化交流新发展，在此基础上，形成语言战略新构建，语言服务新理念，语言调查新实践，国际中文教育新模式和民心相通新融合。

（一）研究视角

我们的"一带一路"语言研究视角主要有三个方面：第一是为国家政策服务的视角；第二是国际中文教育与传播的视角；第三是文化交流、民心相通的视角。中亚是"一带一路"向西发展的重要枢纽，"一带一路"的顺利实施与中亚国家的支持息息相关，对中亚国家语言使用情况的调查和了解就是"一带一路"建设中语言文化需求的重中之重。"一带一路"的推进离不开中文的普及和学习，孔子学院和中亚国家的国际教育中心等语言文化机构在"一带一路"建设中承担了国际中文教育的重任，对中亚国家的中文教学情况进行调查也势在必行。语言文化又是"一带一路"建设中的重要桥梁，对中亚语言文化状况的调查和了解，是推进与中亚国家民心相通的必不可少的步骤。

（二）研究内容

"一带一路"语言研究缘起于对"一带一路"核心区语言战略的构建

和中亚国家中资企业的语言需求。总体上的思路是顶层设计和实地调查相互配合，调查设计与调查任务相互协调，调查规划与实际可行相互照应，侧重点放在"一带一路"的语言文化需求上，调查研究的成果可以直接服务于"一带一路"倡议在中亚国家的顺利实施，最终建立起"一带一路"建设急需的语言人才培养和语言服务指导体系。通过以"一带一路"建设的语言需求为核心的中亚国家语言文化状况调查，提出为"一带一路""五通"建设服务的语言服务建议和促进民心相通的中国文化与中亚文化相互合作交流建议。

从研究目的来看，中亚是实现"一带一路"互联互通的中心地带，中亚各国也是与"一带一路"中的"丝绸之路经济带"核心区直接接壤或地缘最近的国家，中国的陆上"走出去"战略首先要通过中亚。对中亚国家的语言需求研究是语言战略中不可或缺的一部分。"一带一路"需要语言铺路，语言铺路，调查先行。中亚国家的社会生活语言使用状况调查是为国家级顶层合作倡议"一带一路"服务的，调查不仅仅需要了解中亚五国的语言文化现状，更重要的是通过调查提出为"一带一路"建设服务的语言文化服务规划和策略。因此调查的核心是围绕"一带一路""五通"建设所需要的语言文化服务策略以及语言需求展开。

（三）研究特色

第一，本研究不是只与语言学相关，而是具有跨学科的性质；其成果也将不仅应用于语言学相关领域，还将与社会各层面相对接。因此，在研究思路上，我们搭建了一个理论与应用相结合的框架。在理论上，解决语言政策与对外语言传播政策的对接，中文教学与国际中文教育语言人才培养政策的对接，以及国家语言安全战略与"一带一路"语言服务的对接；在应用上，把握服务于语言需求这一主线，在语言人才培养、媒体语言传播、"互联网+"语言公共服务平台建设等方面提供策略建议。本研究提出面向"一带一路"沿线国家，以语言服务为主的语言发展战略，为国家语言规划和语言政策的新布局提供理论依据，为"一带一路"语言战略智库建设提供策略建议；丰富和完善语言文化研究的内涵，为对外语言文化交流提供建议，提出为促进民心相通提供语言服务的一些新理念。

第二，"一带一路"需要语言服务，语言服务调查先行。"纸上得来终觉浅，绝知此事要躬行。"围绕"一带一路"沿线国家的语言需求调查势在必行。通过以"一带一路"建设的语言文化需求为核心的语言状况调查，提出为"一带一路""五通"建设服务的语言服务建议和促进民心相通的中国文化与沿线国家文化相互合作交流的建议是语言调查的新目标。在此基础上，本研究发现语言调查的关注点发生转变，即由对内调查向对外调查转变，由对语言的描写转向语言服务新功能，由语言使用情况调查转向语言教育和人才培养的调查。由此，在调查方面也有较大的收获。在语言调查中将重点放在为国家重大决策服务、为中资企业服务上，不仅调查中亚国家中资企业的整体语言需求，还对中资企业的语言需求细化为各个领域，提出领域语言中的语言需求和服务要点。在语言服务功能方面，提出语言服务的新功能包括沟通功能、教育功能、叙事功能、调节功能、传播功能等。

第三，结合中亚国家国际中文教育调查研究，提出国际中文教育培养模式围绕"一带一路"建设需求转型的建议，提出建立语言人才培养模式和急需人才语言培训模式的新理念。人工智能、大数据和 5G 互联网技术的进步和飞速发展标志着新时代的到来，也引领了新时代语言教育理念的更新，即教学模式转向急需应用型人才培养模式。在创新模式上提出，从泛化过渡到精准化，从单层次过渡到多层次，从通用型过渡到专门化，从单一化过渡到多样化的新模式。同时提出领域中文教学理论依据和中文国际传播的新思路；在"互联网+"思维下，提出建立语言需求库、人才资源库，以及搭建"语言公共服务+语言咨询服务"平台的理论方案。

第四，提出民心相通新融合的观点，涉及中国与中亚的关系和民心相通的基础，中国与中亚文化和文明的交流发展，语言的服务功能和艺术对增进友谊的作用，民间往来的形式和内容等。本研究通过大量的中资企业建设和民间往来中的具体案例证明了民心相通新融合的核心是"一带一路"是友谊之路、造福之路、经济发展之路和丝路历史沟通之路。

三、以中亚国家为重点的语言研究转向

中亚国家是"一带一路"中最重要的沿线国家，中亚各国的语言政策及语言使用状况是研究的重点之一。而在谈及语言政策时，俄语的使用

及地位又成为其中的焦点。可见，俄语是绕不过去的语言政策杠杆。1989年，中亚五国先后颁布了本国语言法，宣布主体民族语言为各共和国的"国语"，俄语为族际交际语。各国独立后，更加明确了将主体民族语言国家化的思想，并赋予了俄语族际交际语的地位，使主体民族语言的国语地位得到了巩固。

2017 年 11 月底，在上海大学承办的首届"一带一路"视野下的中国与中亚国家语言国际研讨会①上，吉尔吉斯国立民族大学教师库勒塔耶娃·乌木特介绍说，吉尔吉斯斯坦的宪法规定该国为双语国家，俄语作为官方语言，像国语吉尔吉斯语一样使用广泛；这些政策使吉尔吉斯斯坦与哈萨克斯坦、乌克兰、白俄罗斯一起成为俄语发展程度较高的国家。塔吉克斯坦俄罗斯-塔吉克斯拉夫大学教授萨利莫夫·如斯坦姆·达乌拉托维奇认为，塔吉克斯坦共和国总统拉赫蒙在正式文件和演讲中不断强调俄语在国家社会领域的重要性，还通过了"俄语和英语语言教学（2004—2014）"国家研究方案，并将其运作年限延至 2020 年；塔吉克斯坦的中等教育提供五种语言，即塔吉克语、乌兹别克语、俄语、吉尔吉斯语和土库曼语，但无论使用何种语言教学，每个学生都必须学习俄语。兰州大学教授张宏莉通过对比前后语言政策的变化，得出俄语在吉尔吉斯斯坦的地位最稳固，在哈萨克斯坦和塔吉克斯坦的地位有所下降，而在乌兹别克斯坦的使用范围却有所扩大的结论。上海外国语大学教授吴爱荣通过以往自己对乌兹别克斯坦语言使用状况的研究，指出在经济因素的影响下，受到大学教育及到俄罗斯留学、打工、移民等需求的驱使，俄语在乌兹别克斯坦一直享有很高的地位。2006 年以来，中亚各国进一步扩大了国语的使用范围，俄语的地位受到了挑战。吴爱荣教授指出，面对语言政策的变更、与英语竞争的压力逐渐增大、俄语教学质量下降、年轻一代不懂俄语等问题，俄语在乌兹别克斯坦的前景也并不乐观。此外，她还说明了俄语地位的变迁对中亚社会和政治造成的影响，即语言环境恶化、大量移民外迁、影响劳务输出等。张宏莉认同这一观点，并认为俄语目前虽然仍是主要的

---

① 2017 年 11 月 25 日至 26 日，上海大学承办的首届"一带一路"视野下的中国与中亚国家语言国际研讨会召开，参会专家包括国内高校和中亚哈萨克斯坦、乌兹别克斯坦、塔吉克斯坦、吉尔吉斯斯坦四国语言学专家学者。

族际交际语，但随着俄语被缓慢地排挤出日常社会生活的各个领域，大量的俄罗斯人会不断地返回自己的祖国，中亚各国主体民族数量的急剧增长将迫使俄语逐渐退出中亚市场。除了俄语地位以外，国语字母拉丁化这一语言变化趋势也备受关注，国内外学者对此展开了热烈的讨论。张宏莉教授通过对比研究中亚各国的改革情况，指出国语字母拉丁化在乌兹别克斯坦快速而不成熟的推行导致了乌国教育质量的下降，同时，大量生活在吉尔吉斯斯坦的乌兹别克人也因购买不到乌兹别克语教材而需要自编和印刷教材，这使得吉尔吉斯斯坦的财政捉襟见肘。与国内学者相比，国外学者对国语字母拉丁化的态度则相对乐观。哈萨克斯坦阿里-法拉比哈萨克国立大学教授纳比坚·穆哈穆德罕介绍，在 2012 年度的国情咨文中，哈萨克斯坦首任总统纳扎尔巴耶夫明确提出了哈萨克语拉丁化改革，并把改革完成期限定为 2025 年。舆论界对此褒贬不一，大部分人认为哈国文字改革是哈萨克人由俄文字母回归到拉丁字母，可使哈萨克文字更加精练；而持反对意见的人认为，国家仓促推进国语文字拉丁化改革，将会导致社会文化"断层"、阻碍历史文化传承、降低教育水平。基于此，纳比坚教授在会议上提出了自己的观点，认为国语字母拉丁化改革在推进国家信息化进程的同时也推动了世界文化交流。由于汉语拼音是拉丁字母构成的拼音字母，若哈萨克人使用拉丁字母，不仅可以准确拼读中文注音，而且可以准确地拼写中文专有名词和学术术语，这对目前哈萨克斯坦蓬勃发展的中文教学事业有着积极的促进作用，同时还能解决中文专有名词和术语译文拼写不规范的问题。

第六节　"一带一路"语言发展战略构建

　　面对"一带一路"倡议带来的语言挑战，新时期的语言战略构建成为语言研究为国家发展服务的重要内容，在语言战略构建中需要建立明确的目标和切实可行的措施，为国家"一带一路""五通"建设服务，为沿线国家服务。

一、语言战略构建的设计

语言发展战略的构建不仅涉及语言，而且涉及政治、经济、文化、法律等诸多领域，具有跨学科的性质。国家三部委联合发布的《愿景与行动》首次以文件的形式确立了"一带一路"的内涵和范围，并提出了沿线国家的概念。近年来随着"一带一路"的纵深发展，不断有新的国家加入沿线国家行列中，中国的"一带一路"友谊圈也不断发展壮大。这促使语言研究进行新的研究体系构建，即服务于"一带一路"建设的五大语言战略构建，包括面向沿线国家内外并举的语言发展战略构建，对外语言传播策略构建，对外语言文化交流与保护策略构建，语言文化冲突消解研究战略构建，以及"互联网+"模式下的"语言公共服务+语言咨询服务"平台构建。

（一）面向沿线国家内外并举的语言发展战略构建

面向沿线国家推行内外并举的语言发展战略主要目标是对"一带一路"沿线国家语言政策进行研究整合，收集并翻译整理沿线国家政治、经济、法律相关政策资料，最终提出切实可行的国家对外语言政策规划。

在对内语言发展战略上，要继续做好国家通用语言文字推广以及语言资源保护整理方面的工作。对内语言发展战略是对外语言发展战略的基础，只有做好国家通用语言文字的推广，才能为对外语言发展战略提供人员方面的支持；同时也有利于在新形势下对这些语言文化问题进行科学调查和合理规划，以便能更有效地为对外语言发展战略服务。

在对外语言发展战略上则要依托现有力量积极推进针对"一带一路"建设需求的智库建设和"互联网+"语言公共服务和语言咨询服务平台建设；制定与"一带一路"沿线国家共融的语言政策，并建立国外语言政策的咨询平台；筹建语言战略及中文教育中心，为配合沿线国家基础设施和交通设施建设做相关方面的汉语人才培训；建立多语种语言研究中心，对相关沿线国家的文化、外交、经济等政策进行翻译和研究。

（二）对外语言传播策略构建

对外语言传播策略构建的主要目标包括：积极开拓更多的语言传播途径；加强中国与沿线国家之间的密切往来；通过语言交流和语言学习，

保障经济贸易的顺利进行；推广中文海外传播，以此带动语言文化方面的传播。

为实现上述目标，主要采取的措施包括：对沿线国家语言传播政策和方式进行调查；对语言交流学习情况进行调查；对口岸商贸区、自贸区从业人员语言使用情况进行调查。此外，在中文传播方面，无论是"迎进来"还是"走出去"，国内的国际中文教育和海外的孔子学院都发挥了巨大作用，在"一带一路"建设中更应加强国际中文教育专业人才的培养，加强海外中文本土教师的培训，加强孔子学院以汉语教学为依托、以中国文化传播为辅助的语言教学策略的布局和深化。

（三）对外语言文化交流与保护策略构建

近年来，中国在世界文化遗产的申请及保护上卓有成效，在语言文化交流方面也开展了丰富多彩的活动。而"一带一路"的《愿景与行动》中提出的民心相通，也主要涉及文化交流问题。《愿景与行动》把它视为"一带一路"建设的社会根基。习近平主席指出："民心相通是'一带一路'建设的重要内容，也是'一带一路'建设的人文基础"①，"两千多年的交往历史证明，只要坚持团结互信、平等互利、包容互鉴、合作共赢，不同种族、不同信仰、不同文化背景的国家完全可以共享和平，共同发展。这是古丝绸之路留给我们的宝贵启示"②，"弘扬丝路精神，就是要促进文明互鉴。人类文明没有高低优劣之分，因为平等交流而变得丰富多彩，正所谓'五色交辉，相得益彰；八音合奏，终和且平'"③。依据习近平主席的讲话以及《愿景与行动》的精神，在对外语言文化交流与保护策略的构建上以合作共建为基础，我们提出两个战略：中外文化共通共建战略，民心相通文化交流战略。

中外文化共通共建战略主要研究的是与其他国家联合申请语言文化遗产的问题。中国历史上的语言文化和非物质文化遗产有不少是世界文化交流共融的结果，中国与"一带一路"沿线国家可以合作研究和共同保护

---

① 参见习近平在主持中共第十八届中央政治局第三十一次集体学习时的讲话要点《推进"一带一路"建设，努力拓展改革发展新空间》（2016 年 4 月 29 日）。

② 参见习近平在哈萨克斯坦纳扎尔巴耶夫大学的演讲《共同建设"丝绸之路经济带"》（2013 年 9 月 7 日）。

③ 参见习近平在中阿合作论坛第六届部长级会议开幕式上的讲话《弘扬丝路精神，深化中阿合作》（2014 年 6 月 5 日）。

这些文化和遗产，以此促进语言文化的进一步沟通和交流。中国与乌兹别克斯坦合作在乌兹别克斯坦共同进行考古挖掘和研究就是最好的实例。民心相通文化交流战略是加强各国之间与语言相关的文化往来活动，积极合作开展书籍、影视语言翻译等工作。近年来中国与不少沿线国家互办文化年、艺术节、文化周、旅游推介、青少年交流等活动，彼此增进了了解，而这些都离不开语言的保障。蔡武（2014）指出，"在建设'一带一路'的进程中，我们应当坚持文化先行，通过进一步深化与沿线国家的文化交流与合作，促进区域合作，实现共同发展，共通共建，让命运共同体意识在沿线国家落地生根"，文化先行的前提是语言互通，在构建人类命运共同体的进程中，语言也需要先行。

（四）语言文化冲突消解研究战略构建

打造"一带一路"上的语言文化交流产业，将推动中国与沿线国家经济的深度合作，促进要素有序流动、资源高效配置、市场深度融合，从而推动经济的发展。经济发展的核心是文化。"文化先行"，就是以现代文化为引领，来面对快速发展的现代化浪潮。

文化的发展依赖语言，有必要制定有利于消解文化冲突的语言政策以及国家语言安全战略，在对沿线国家政策法规语言进行研究的基础上，积极开展商务活动纠纷中语言冲突化解研究、工程建设语言冲突化解研究、旅游文化语言冲突化解研究以及民俗文化语言冲突化解研究。这些冲突化解研究从一个侧面反映了"一带一路"建设的主要内容，即政策沟通、设施联通、贸易畅通、资金融通、民心相通。"一带一路"建设以经济建设为核心，坚持互利共赢，"致力于亚欧非大陆及附近海洋的互联互通，建立和加强沿线各国互联互通伙伴关系，构建全方位、多层次、复合型的互联互通网络，实现沿线各国多元、自主、平衡、可持续的发展"（参见《愿景与行动》）。因此需要消除经济建设在政策法规、技术标准、投资贸易等方面的壁垒，并加强国家间的金融监管合作。随着"一带一路"建设的推进，沿线国家人民之间沟通渠道增多，相互之间的旅游规模将会进一步扩大，文化交流活动也会在各个层次展开。由于沿线国家众多，文化各异，在交流中文化、习俗等方面的冲突不可避免，所以坚持和谐包容，加强不同文明间的对话，尊重沿线各国文化习俗，是解决旅游文化、民俗文化语言冲突，实现民心相通的有效途径之一。

（五）"互联网+"模式下的"语言公共服务+语言咨询服务"平台构建

在"互联网+"思维下，搭建"语言公共服务+语言咨询服务"平台，建设专门语言咨询平台、专业人才培养培训平台、在线学习平台，为此，须做好以下两个方面的建设。

首先，要进行人才资源建设，借助包括政府在内的各类社会机构的力量，广泛吸收掌握沿线国家语言的不同专业（如计算机、法律、经贸、旅游、卫生、医疗、商务等）、不同层次（如高校毕业生、在读生、社会培训人员等）的人才进行志愿服务。

其次，要根据客户所需进行建设，重视利用各类移动信息通信设备，充分发挥新媒体在语言公共服务中的作用，开通各类服务平台。例如，开设热线服务电话、公共服务微博、微信公众号等。为"一带一路"倡议实施阶段的各类商贸文化交流提供语言学习和翻译咨询服务、法律政策咨询服务、商务会展咨询服务、旅游生活咨询服务、医疗卫生咨询服务等。

二、对语言战略构建中现存问题的思考

"一带一路"倡议在具体实施时遇到诸多语言文化问题，从而引发了语言学、文化学及教育学界的热烈讨论，在这一过程中，有一些问题值得我们注意。

首先，"一带一路"建设中的语言文化传播不是单向度传播，而是双向合作与交流。因此，中华文化的海外传播与沿线国家的语言文化对接、相互交流、共同发展等是应该予以重点考虑的问题。

其次，"一带一路"的研究带动了非通用小语种热，许多高校特别是外语类高校纷纷增设非通用小语种，以适应国家这一建设发展的需要。但是开设沿线国家非通用小语种存在一定的难度：一方面是招生不理想，培养成本高；另一方面则是就业面窄，社会成效难显现。从非通用小语种储备来看，目前应首先考虑语言实际，以此为基础开展非通用小语种人才培养，进而突出开设小语种的价值与地位。目前，有些院校新增设的小语种

开展起来普遍存在着师资短缺、教学效果不理想、成才率低、就业困难等问题。解决这一问题，需要在缜密调查基础上，科学布局，双管齐下，即在专业设置上加大与相关语种国家的合作交流，以互派交换生方式解决师资问题和就业问题；在国内教学中设置通用语种和非通用语双语教学模式，以适应"一带一路"的语言需求。如俄语在"后苏联空间国家"作为通用语仍然有广阔的应用空间，俄语人才的培养更加迫切，俄语人才储备无论是在数量上还是在培养方向上都有很多工作要做。

"一带一路"是国家最新提出的以对外经济合作为重点的倡议，也涉及对国际关系、与丝绸之路相关的人文历史等方面的探讨。从语言角度进行的研究起步相对较晚，目前讨论比较热烈的是非通用小语种的增设和语言安全战略的问题。但是，通过对沿线国家语言政策和语言规划现状的考察可以发现，在"一带一路"背景下，语言发展方面主要面临的挑战是要做好对内语言政策与对外语言传播政策的对接以及国家语言安全战略与"一带一路"语言服务的对接。对此还需要有更深入的研究和理论构建。

参考文献

蔡武，2014．坚持文化先行　建设"一带一路"[J]．求是（9）．

陈章太，2005．新中国的语言政策、语言立法与语言规划[J]．国际汉语教育（3）．

陈章太，2007．语言国情调查研究的重大成果[J]．语言文字应用（1）．

邓琪，郭绪文，2004．访谈节目的话语分析[J]．重庆大学学报（3）．

戴曼纯，2011．国家语言能力、语言规划与国家安全[J]．语言文字应用（4）．

戴庆厦，邓佑玲，2001．濒危语言研究中定性定位问题的初步思考[J]．中央民族大学学报（人文社科版）（2）．

戴庆厦，2010．语言关系与国家安全[J]．云南师范大学学报（2）．

戴庆厦，2014．跨境语言研究的历史和现状[J]．语言文字应用

（2）.

邓新，张全生，2019．"一带一路"视域下中亚地区孔子学院可持续发展的机遇与挑战[J]．国际汉语教育（3）.

杜博，2013．塔吉克斯坦中小学汉语课程设置调查研究[J]．文学教育（上）（2）.

段业辉，2007．新闻语言比较研究[M]．北京：商务印书馆．

范晓玲，古丽妮莎·加玛勒，2010．吉尔吉斯斯坦汉语教学现状及思考[J]．新疆社会科学（4）.

范晓倩，2016．乌兹别克斯坦文化研究综述[J]．丝绸之路（10）.

范祖奎，2009．中亚留学生汉字学习特点调查分析[J]．民族教育研究（3）.

付松聚，2017．甘肃卫视《直通"一带一路"》节目传播创新研究[J]．中国广播电视学刊（2）.

高丽，2018．电视新闻专题片中的"一带一路"语言研究——以甘肃卫视《直通"一带一路"》为例[D]．北京：中国传媒大学．

郭龙生，2005．略论国家通用语言文字的传播战略[J]．语言文字应用（1）.

郭龙生，2008．中国现代化进程中的语言生活、语言规划与语言保护[J]．中国人民大学学报（4）.

郭龙生，2014．媒体语言中的跨境语言规划研究[J]．文化学刊（3）.

郭卫东，黄小勇，贾静芳，2011．吉尔吉斯斯坦共和国不平衡双语制研究[J]．新疆师范大学学报（3）.

郭卫东，周磊，2013．塔吉克斯坦学校教育领域人员语言态度调查——以彭吉肯特地区中小学为例[J]．中南民族大学学报（1）.

郭熙．语言规划的动因与效果——基于近百年中国语言规划实践的认识[J]．新疆师范大学学报，2013（1）.

海淑英，2013．吉尔吉斯斯坦的语言政策及其双语教育[J]．民族教育研究（1）.

韩书庚，2010．浅论新闻语言学的性质及其分类[J]．现代语文（语言研究版）（10）.

贺丛周，赵芬兰，2010. 浅析电视新闻专题片的选题原则[J]. 大众文艺（10）.

胡明勇，雷卿，2005. 中美语言政策和规划对比研究及启示[J]. 三峡大学学报（6）.

胡悦，2016. 丝绸之路经济带节日习俗报道语言研究[D]. 北京：中国传媒大学.

胡振华，2014. 我所见证的中国与中亚五国文化交流合作纪实[J]. 中国穆斯林（6）

黄行，赵芬兰，2015. 我国与"一带一路"核心区国家跨境语言文字状况[J]. 云南师范大学学报（5）.

蒋红梅，2013. 网络媒体新闻信息可信度研究[D]. 南京：南京师范大学.

焦景丹，2018. 国内外塔吉克人历史文化研究的学术史梳理[J]. 西北民族研究（3）.

金震茅，2015. "一带一路"题材纪录片的内涵及走向[J]. 现代视听（10）.

蓝鸿文，马向伍，1989. 新闻语言分析[M]. 北京：中国物资出版社.

李发元，2020. 哈萨克斯坦"回归者"的语言文化认同研究[J]. 语言政策与语言教育（2）.

李桂南，2004. 新西兰与中国语言政策对比研究及启示[J]. 广西师范学院学报（4）.

李洪启，1986. 提高新闻语言的水平——吕叔湘等语言学家在本刊座谈会上的发言[J]. 中国记者（4）.

李建宏，古丽尼沙·加马力，2013. 哈萨克斯坦国际汉语教育现状与发展对策[J]. 新疆社会科学（2）.

李建军，2013a. 中国与中亚的文化交流力建构[J]. 中南民族大学学报（1）.

李建军，2013b. 吉尔吉斯斯坦高校汉语教材使用中存在的问题及对策[J]．新疆职业教育研究（3）．

李锦芳．中国濒危语言研究及保护策略，2005[J]．中央民族大学学报（哲学社会科学版）（3）．

李锦芳，2013．论中越跨境语言[J]．百色学院学报（4）．

李敬欢，李睿，2013．土库曼斯坦现行教育体制下汉语推广现状及对策初探[J]．民族教育研究（6）．

李旭东，2011．浅谈声音的艺术处理[J]．中国广播（12）．

李雅，2014．塔吉克斯坦独立后的语言政策变迁[J]．新疆师范大学学报（1）．

李雅梅，2008．丝绸之路上的汉语驿站——乌兹别克斯坦共和国的汉语教学[J]．云南师范大学学报（5）．

李琰，努尔萨依多夫·哈尼，2012．哈萨克斯坦高校汉语专业调查[J]．民族教育研究（5）．

李琰，2014．乌兹别克斯坦语言地位规划研究[J]．新疆社会科学（3）．

李宇明，2010．中国外语规划的若干思考[J]．外国语（1）．

李宇明，2014．语言的文化职能的规划[J]．民族翻译（3）．

李宇明，2015a．"一带一路"需要语言铺路[N]．人民日报，2015-09-22（7）．

李宇明，2015b．搭建语言平台共享语言红利[N]．长江日报，2015-10-05（2）．

李元授，白丁，2001．新闻语言学[M]．北京：新华出版社．

梁云，史王鑫磊，2012．吉尔吉斯斯坦汉语学习者汉语学习情况调查分析[J]．民族教育研究（4）．

梁云，史王鑫磊，2012．中亚汉语国际教育可持续发展途径探析——以吉尔吉斯斯坦汉语师资为例[J]．新疆师范大学学报（6）．

廖成梅，2011．中亚国家的语言政策论析[J]．国际关系学院学报（6）．

廖艳君，2006．新闻报道的语言学研究[M]．长沙：湖南大学出版社．

林纲，2012．略论网络新闻语篇的衔接手段[J]．湖南社会科学（4）．

梁红军，2015．"一带一路"倡议的民心相通研究[J]．黄河科技大学学报（6）．[①]

梁焱，2010．新疆高校中亚留学生汉语学习需求调查研究——以新疆大学为例[J]．新疆大学学报（哲学·人文社会科学版）（1）．

刘丹青，2015．语言能力的多样性和语言教育的多样化[J]．世界汉语教学（1）．

刘宏宇，池中华，2013．吉尔吉斯斯坦独立后的语言政策与实践[J]．中南民族大学学报（3）．

刘宏宇，2013．建国后哈萨克斯坦语言政策变迁[J]．新疆师范大学学报（4）．

刘晓燕，2012．中亚留学生汉语学习特征及相关因素浅析——以哈萨克斯坦学生为例[J]．教育教学论坛（4）．

刘星星，2016．乌兹别克斯坦孔子学院发展与中国文化传播[J]．教育观察（上半月）（4）．

陆野，2015．土库曼斯坦留学生汉语词汇学习策略与产出性词汇测试成绩的相关分析[J]．语文学刊（6）．

吕耀明，田谨，李丽，2016．让中国故事传向世界——宁夏卫视访谈节目《解码"一带一路"》的策划与思考[J]．对外传播（10）．

罗远林．新闻修辞研究[M]．沈阳：辽宁师范大学出版社，1994．

马立新，2014．中国与哈萨克斯坦语言政策的对比研究[J]．现代语文（14）．

毛海霞，2011．文化桥梁友谊之旅中国新疆在塔吉克斯坦举办综合文化交流活动[J]．中亚信息（6）．

孟长勇，2013．哈萨克斯坦汉语教师培养的不同类别及模式[J]．西安外国语大学学报（2）．

牛汝极，2016．建构中国民族语言研究的国际话语秩序——从语言哲

---

① 鉴于国家媒体报道中统一用"'一带一路'倡议"的说法，现将早期引用文章中的部分说法改为"'一带一路'倡议"。

学到语言秩序[J]．新疆师范大学学报（1）．

邱春安，2006．电视新闻访谈节目话语分析[J]．齐齐哈尔大学学报（5）．

任龙昌，2016．乌兹别克斯坦的政治、经济和文化概述及风险[J]．智富时代（1）．

赛力克·穆斯塔帕，巴合提江·孜牙达，2010．哈萨克斯坦高校汉语教学的现状及发展趋势[J]．昌吉学院学报（5）．

沈骑，2015．"一带一路"倡议下国家外语能力建设的战略转型[J]．云南师范大学学报（5）．

沈骑，2016．"一带一路"建设中的语言安全战略[J]．语言战略研究（2）．

沈骑，2020．语言安全理论的源与流[J]．当代外语研究（3）．

苏金智，2012．文化和谐论与国家语言发展战略[J]．云南师范大学学报（3）．

苏金智，夏中华，2013．语言、民族与国家[M]．北京：商务印书馆．

孙宏开，2001．关于濒危语言问题[J]．语言教学与研究（1）．

孙宏开，2005．少数民族语言规划的新情况和新问题[J]．语言文字应用（1）．

孙宏开，2006．中国濒危少数民族语言的抢救与保护[J]．暨南学报（哲学社会科学版）（5）．

孙宏开，2006．少数民族语言与文化的记录和保护[J]．中国民族（5）．

孙晓娜，2016．"一带一路"视域下的经济报道语言研究[D]．北京：中国传媒大学．

谈宝君，2009．了解中亚语言：中国中亚战略决策的新视点[J]．世界经济与政治论坛（4）．

田成鹏，海力古丽·尼牙孜，2015．哈萨克斯坦"三语政策"及其影响分析[J]．新疆大学学报（1）．

王春辉，2020．论语言与国家治理[J]．云南师范大学学报（哲学社会科学版）（3）.

王大莹，2009．新闻线索的发现与新闻选题的确立[J]．新闻爱好者（5）.

王浩，2013．浅析电视新闻专题片的选题原则[J]．新闻传播（9）.

王辉，2010．澳大利亚语言政策研究[M]．北京：中国社会科学出版社.

王辉，2013．语言规划研究50年[J]．北华大学学报（6）.

王辉，2015．"一带一路"国家语言状况与语言政策[M]．北京：社会科学文献出版社.

王建勤，2010．美国"关键语言"战略与我国国家安全语言战略[J]．云南师范大学学报（2）.

王新青，2015．丝绸之路经济带中亚五国语言状况考察与思考[J]．云南师范大学学报（5）.

王尚达，王文，2005．苏联对中亚的语言政策评论和反思[J]．俄罗斯中亚东欧研究（6）.

魏晖，2015．"一带一路"与语言互通[J]．云南师范大学学报（4）.

武金燕，2012．语用预设理论在网络新闻标题中的运用[J]．现代交际（2）.

夏添，2012．"有意思的"塔吉克斯坦塔吉克族亲属称谓[J]．语文学刊（4）.

肖贵纯，2014．土库曼斯坦汉语教育的主要问题与思考[J]．吉林省教育学院学报（上旬）（9）.

辛国强，2015．发挥电视纪录片《"一带一路"》宣传作用[N]．云南日报，2015-11-25（8）.

邢欣，邓新，2016．"一带一路"核心区语言战略构建[J]．双语教育研究（1）.

邢欣，梁云，2016．"一带一路"背景下的中亚国家语言需求[J]．语言战略研究（2）.

邢欣，张全生，2016．"一带一路"倡议下的语言需求与语言服务[J]．中国语文（6）.

徐林，2011．网络新闻的汉英翻译与编译的几点思考[J]．中国翻译
（4）．

薛冬冬，2016．新疆语言文化环境对中亚留学生汉语学习的影响及
对策[J]．英语广场（6）．

闫丽萍，班振林，吴霞，2015．吉尔吉斯斯坦大学生汉语学习的社
会影响因素调查[J]．语言与翻译（2）．

闫新艳，2015．哈萨克斯坦汉语教材使用现状及对本土化教材编写
的启示[J]．兵团教育学院学报（5）．

闫新艳，王静，2016．哈萨克斯坦哈萨克族大学生语言状况调查
[J]．兵团教育学院学报（2）．

杨亦鸣，赵晓群，2016．"一带一路"沿线国家语言国情手册
[M]．北京：商务印书馆．

姚喜双，2012．大力推广和规范使用国家通用语言文字[J]．语言文
字应用（2）．

伊莉曼·艾孜买提，俞菁，2014．塔吉克斯坦高校汉语教材适用性调
查[J]．双语教育研究（4）．

尹世超，2001．标题语法[M]．北京：商务印书馆．

张莹，2015．电视新闻专题片中人物呈现技巧[J]．新媒体研究
（13）．

张宏莉，2015．中亚国家语言政策及其发展走向分析[J]．新疆社会
科学（2）．

张宏莉，2019．后苏联空间国家概况[M]．兰州：兰州大学出版社．

张全生，张世渊，2019．新疆南疆维吾尔族教师国家通用语言文字
普及情况调查[J]．新疆社会科学（1）．

张日培，2015．服务于"一带一路"的语言规划构想[J]．云南师范
大学学报（4）．

张一清，2012．以评估促提高，规范使用国家通用语言文字[J]．语
言文字应用（2）．

赵亮，2015．多元视角下中亚国家的语言政策[J]．信阳师范学院学
报（5）．

赵靓，2016．乌兹别克斯坦青少年在多语情境下的身份认同[J]．天津外国语大学学报（4）.

赵世举，2015．"一带一路"建设的语言需求及服务对策[J]．云南师范大学学报（4）.

赵世举，2019．语言在国家安全中的角色和功能[J]．云南师范大学学报（2）.

赵蓉晖，2014．语言战略与语言政策研究渐成体系[N]．中国社会科学报，2014-12-29（B04）.

周明朗，2014．跨境语言关系动力学[J]．双语教育研究（1）.

周庆生，2001．挪威的萨米语言立法[J]．世界民族（2）.

周庆生，2005．国外语言规划理论流派和思想[J]．世界民族（4）.

周庆生，2013．中国"主体多样"语言政策的发展[J]．新疆师范大学学报（哲学社会科学版）（2）.

周庆生，2014．中国跨境少数民族类型[J]．文化学刊（3）.

周亚星，2017．电视新闻《"一带一路"看新疆》语言研究[D]．北京：中国传媒大学.

第二章
语言需求调查新实践

"一带一路"需要语言服务；语言服务，调查先行。"不经一番寒彻骨，怎得梅花扑鼻香。"围绕"一带一路"沿线国家的语言需求调查势在必行。通过以"一带一路"建设急需的语言文化需求为核心的语言文化状况调查，提出为"一带一路""五通"建设服务的语言服务建议和旨在实现民心相通的中国文化与沿线国家文化相互合作交流的建议是语言调查的新目标。在此基础上，语言调查也开启了新的研究征程。

第一节 "一带一路"语言调查关注点的转变

语言调查是语言研究的重要方法，语言研究建立在事实的基础上，事实的获得离不开语言调查。特别是语言例证和语料的获得更少不了调查和资料收集。戴庆厦（2020）结合自己60多年语言国情调查的实例和经验提出，充分重视语言国情调查是科学语言观的表现。"一带一路"沿线国家语言调查的关注点在于调查研究的结果直接用于"一带一路"的各项建设，调查过程也紧紧围绕着"一带一路"建设的语言需求展开。同以往的语言调查相比，"一带一路"语言调查有许多新的角度。

一、由对内语言调查转向对外语言调查

中国的语言研究跟语言调查密不可分，而最初的中国国内方言调查是语言调查的支柱。从早期的方言调查到中华人民共和国成立后不久的20世纪50年代中期开始，大规模方言调查和少数民族语言调查都是新中国语言学研究的基本内容，并且这种语言调查研究一直持续至今。在各种新的理论，特别是语言类型学理论引进后，语言调查研究更进一步扩大到语言类型的对比上。随着国家语委对语言保护和资源建设工程的强力推动，建立在语言调查基础上的方言调查和濒危少数民族语言调查在语言研究中方兴未艾，占据了重要地位。近年来，随着国家通用语言文字在扶贫中作用的提升以及普通话的大力推广，有关国家通用语言的调查研究也越来越受到关注，出现了不少研究成果。此外，随着社会语言学的兴起，在

改革开放后特别是 20 世纪 90 年代末开始，有关社会语言的调查也不断引发关注，不过还远未形成规模。从上述的一些关键的语言调查研究范围来看，调查主要的关注点还是国内语言。对国外的语言调查和关注很少，并且主要集中在华人华侨社区的语言调查研究上。在华人华侨社区进行语言调查也属于对外语言调查的范畴，对这些方面的调查涉及面较窄，大部分是华文教育调查、华人文化认同调查、华人掌握汉语情况调查等。其中郭熙（2010）关于新加坡中学生词汇使用情况的调查具有代表性，文中谈到其调查研究方法结合了方言学方法和社会语言学方法，这不失为一种新的途径。

在对外语言调查方面，我们注意到，改革开放后中国学界提出了"跨境语言"的概念。相关研究并未注意到这一概念带来的国际关系风险和国家安全方面的隐患，也未细致梳理分布在不同国家的族群及族群语言相同的历史原因，特别是在缺乏科学阐释和论证依据的情况下，将历史跟现实混同起来，给现代国家中的民族语言问题造成困惑，也容易触发国家之间的敏感问题。鉴于此，我们建议尽量避免使用或慎用这一概念。这一概念最早由马学良 等（1983）提出，其概念的内涵和外延也在不断调整，但至今仍未有清晰的语言学理念。李春风（2016）在总结这方面研究 30 年时也注意到其概念的不同含义。指出戴庆厦（2014）区分了狭义和广义概念，研究对象是同一语言分布在不同的国境而产生的变体，主要研究由于国界的隔离而形成的语言变异。而有的学者认为"跨境语言"是分布于相邻国家民族地区的语言（黄行，2018）；有学者认为"跨境语言"是相邻相近的族体作为母语来使用的同一语言，不相邻不相近的族体（或群体）作为母语来使用的同一语言则是移民语言或国际语言（周庆生，2014）；更有学者把英语、汉语都算到这一范围里（周明朗，2014）。"一带一路"倡议提出后，随着"走出去"企业的增多，以及人类命运共同体的构建，语言研究也须注意从国家稳定和安全角度谨慎对待语言政策问题，尽量避免使用会引发争议或误解的概念为好。

总体来看，在以往的研究中，我国语言调查主要还是关注国内的语言，对"一带一路"沿线国家的语言调查研究还未全面展开。不过随着"一带一路"建设的推进，已经有不少学者开始关注沿线国家的语言状况，对外的语言调查也逐渐增多。从中国知网近年来的期刊论文来看，有关"一带一路"语言研究的论文数量庞大，从 2015 年开始到 2020 年上半年，总共有 1469 篇，其中 2020 年 188 篇，2019 年 514 篇，2018 年 255 篇，2017 年 290 篇，2016 年 181 篇，2015 年 41 篇。但在这些文章中较少有涉及沿线国家语言调查的研究，有些关于沿线国家语言情况的研究也只是来自资料收集。以"'一带一路'语言调查"为主题进行搜索发现，这方面的研究从 2015 年开始出现至 2020 年 6 月，总共才有 14 篇（包括会议报道），其中大部分都是在中国境内开展的对留学生、企业、中国少数民族地区、边疆地区和国际展会等的调查，涉及沿线国家的语言调查只有关于东干语①和东南亚沿线国家语言禁忌（杨国科 等，2018；乐韵 等，2018）的 2 篇。② 由此可见，对外语言调查还需要更多的时间和实践过程。

二、由描写语言系统转向关注语言服务功能

根据语言调查研究的内容可以看出，语言调查研究还是更偏重对语言系统的描写，即对语言自身规律的解释，较少关注语言的社会服务功能的调查。

在方言调查和研究方面，谢留文（2019）做了全面详细的回顾和总结，其中主要提及方言学初创时期由赵元任系统设计了《方言调查表格》，经修订成为至今仍在普遍使用的《方言调查字表》（1930）。方言调查从语音调查开始，到词汇、语法全面展开，还形成了地方方言志、方言地图集、方言大词典、方言语音库、方言语料库等集大成的系列成果，目前已经是汉语研究中的主流。在方言研究中，近年来，随着中国语言资源保护工程的稳步推进，在语言描写的基础上也提出了结合文化和社会开展田野调查的观点。曹志耘（2015）提出语保工程的主要任务之一就是中国语言资源调查，在田野调查部分包括了语言国情、汉语方言、少数民族语言、语言文化、边疆和港澳台以及海外华人语言状况调查。其中的调查不

---

① 这里的东干语调查仅限于以"'一带一路'语言调查"为主题按年度查询的结果，不包括以跨境语言或移民语言为主题的文章。
② 在中国知网收集的 1000 多篇研究文章中，有个别文章也会涉及沿线国家语言调查，但在主题和关键词中没有体现出来。

仅局限于语言系统描写，还涵盖了文化和社区语言态度等。邢向东（2017）提出了方言的 5 个基本理念"工程观、系统观、文化观、求真观、精品观"，这显然也超出了单纯的语言系统描写的调查范围。这些相关的方言调查观点已经发生了转变，开始关注方言与社会的关系以及方言在社会中的作用。

在少数民族语言调查方面，中华人民共和国成立之初就开始筹备进行少数民族语言调查，以此为少数民族的确定、少数民族语言文字的创建及改革摸清情况，并奠定基础。其中黄成龙（2016）在介绍少数民族语言资源建设时提到了普查少数民族语言资源，并帮助少数民族创制和改进文字。1956 年春，中央民族学院举办少数民族语言调查训练班，组织了共计 700 多人的 7 个调查队分赴全国 16 个省和自治区对各少数民族地区进行语言资源调查。从 1956 年到 1960 年代初，通过几年持续的语言资源国情调查，基本上掌握了我国少数民族语言资源的分布及其特点。之后持续到 20 世纪 80 年代，描写 100 多种少数民族语言系统特点的"民族语言概况"等方面的一系列论文和 59 种描写少数民族语言的简志相继发表和出版，基本完成了对少数民族语言、语音、词汇、语法系统的描写和解释。改革开放之后，傅懋勣（1983a，1983b，1983c）就对民族语言的调查提出了要求，具体到语音、词汇、双语地区调查以及与社会相结合的调查等很多细节，这为后续的语言调查开创了调查范式。戴庆厦（2006，2019）通过几十年对西南少数民族语言的田野调查，提出田野调查工作者必须具备的几点基本的条件：一是要有使用国际音标准确记录语言的能力；二是要有系统的语言学（包括语音学、语法学、词汇学、语义学等分支学科）的理论、知识；三是要有民族学、人类学、社会学的基本知识，具有调查、分析一个民族的社会、文化特点的能力；四是要能与当地群众打成一片，要能吃苦耐劳。从这几个条件和文章中具体的几个濒危语言调查个案可以看出少数民族语言调查也已经开始由描写语言系统和特点向面向社会的语言调查转型。其实从 20 世纪末开始，少数民族语言调查就基本上建立在宏观的语言认同、语言态度、语言能力等方面，对语言系统和特点的调查不多了。不过到 21 世纪后，随着少数民族语言的保护和濒危语言保护工程的实施，对语言系统和特点的描写成为其中重要的组成部分，描写语言系统的调查也逐步有所增加。

黄行（2019）提到，经国务院总理办公会议批准，国家语委于 1998 年开始实施一项全国性的"中国语言文字使用情况调查"。这次调查的范围包括全国（未含港澳台地区）各省、自治区、直辖市使用的汉语普通话、汉语方言、少数民族语言、外国语言；调查文字包括中国境内使用的简化汉字、繁体汉字、汉语拼音、少数民族文字、外国文字；调查语言文字使用场合包括教学活动、公务活动、宣传活动、日常交际、信息处理及其他领域；调查方法分个人调查和部门调查；调查采用全国统一问卷，由各级政府教育部门和语言文字工作部门分级组织实施。项目成果《中国语言文字使用情况调查资料》①的主要内容成为国家通用语言文字各种使用数据的重要来源。这些数据为政府制定与语言文字有关的规划政策提供了依据，也推动了中国语言文字规范化、标准化工作进程；同时为当时同步开展的订立和实施《中华人民共和国国家通用语言文字法》提供了重要的有效数据，也是近年来制定的全面建成小康社会中普通话达标标准的参考依据。这些介绍说明这次的语言调查实际上就是为社会和国家制定语言政策服务的典范。

通过以上综述可以看出，描写语言系统的调查还是语言调查的主体，但相比于早期的语言调查，新时期的语言调查已开始出现关注语言的社会功能的苗头，但基本还是在为语言自身的社会地位和为国家提供语言政策和规划服务方面。而从"一带一路"建设所需要的调查来看，关注点转向语言服务功能的调查还需要更多的后续研究。

三、由语言使用情况转向语言教育和人才培养

随着 20 世纪 70 年代社会语言学的兴起，国内的语言调查也出现了明显的变化，有关语言使用状况的调查逐渐增多，特别是 21 世纪前后，少数民族语言研究中的语言调查以社会语言学的方法为主导，一是运用抽样统计的方法调查语言使用状况，二是用问卷法调查对语言的态度与认同等问题。王远新（2019）提出从语言社区、领域和群体三个维度进行少数

---

① 此书由中国语言文字使用情况调查领导小组办公室编，语文出版社 2006 年出版。

民族语言生活调查的方法。黄行（2019）总结民族语文七十年时专门介绍了中国少数民族语言使用情况调查的研究以及《中国少数民族语言使用情况》^①一书，该书从语言使用功能角度，分别以各种少数民族语言和各级民族区域自治地方为单位，交叉描述了中国少数民族语言的地区分布、在不同社会领域的使用状况，全面反映了改革开放以来全国民族语文政策和规划的执行情况以及少数民族语言使用的现状。从介绍中可以看出，这是第一部全面调查少数民族语言使用情况的著作，也为后续的语言使用情况调查创立了标准。

近年来，国家提出实施精准扶贫，打赢脱贫攻坚战的方略，党的十九大报告中提出乡村振兴战略，在全国各地投入脱贫攻坚战的过程中，国家通用语言文字的推广提到了语言扶贫的战略高度。在前期大量的少数民族地区国家通用语言文字使用情况调查中已经可以清楚地看到，在主要的几个少数民族地区，国家通用语言文字的使用情况呈现不平衡状态，在少数民族人口占主要人口比例的地区，由于70％以上的社区少数民族人口不会国家通用语言文字而成为贫困人口，因此语言调查的方向转向了语言教育问题以及少数民族地区语言人才培养的问题。由此，语言调查的范围更加广阔，也更加有针对性和持续性，语言调查进入教育领域，起到了为国家培养语言人才的重要作用。张洁（2019）在总结中国语言文字工作70年时特别指出，推广普通话是脱贫攻坚战的重要一环，党和政府十分重视语言扶贫工作的开展。2011年国务院印发的《中国农村扶贫开发纲要（2011—2020年）》已经关注到语言扶贫的作用，指出要"在民族地区全面推广国家通用语言文字"。2016年教育部、国家语委发布的《国家语言文字事业"十三五"发展规划》明确指出，要"结合国家实施的精准扶贫、精准脱贫方略，以提升教师、基层干部和青壮年农牧民语言文字应用能力为重点，加快提高民族地区国家通用语言文字普及率"。2018年1月，教育部、国务院扶贫办、国家语委联合制定了《推普脱贫攻坚行动计划（2018—2020年）》，提出推普扶贫的目标是"到2020年，贫困家庭新增劳动力人口应全部具有国家通用语言文字沟通交流和应用能力，现有

---

① 此书由中国社会科学院民族研究所、国家民族事务委员会文化宣传司主编，中国藏学出版社1994年出版。

贫困地区青壮年劳动力具备基本的普通话交流能力，当地普通话普及率明显提升，初步具备普通话交流的语言环境，为提升'造血'能力打好语言基础"。为此，国家提出了多项举措，其中有关国家通用语言教育的举措占了很大比重，诸如组织开展青壮年农牧民普通话培训、同步推进职业技术培训与普通话推广、大力加强学校语言文字工作、严把教师语言关、加强普通话培训资源和培训能力建设等。在国家扶贫语言政策的推动下，前期开展了系列的少数民族地区国家通用语言使用状况的调查，为后期的语言教育和培训打下了基础。在这一阶段，李志忠 等（2017a，2017b）针对新疆南北疆的少数民族国家通用语言使用情况调查对新疆扶贫语言教育起到了关键作用。而刘楚群（2019）另辟蹊径，从经济学角度对劳动者收入跟普通话水平的关联度做了问卷调查，由此得出普通话推广得越好，劳动者的月收入就越高，即农村推广普通话与农民摆脱贫困之间有一定的内在联系的结论。这也为贫困地区开展普通话教学做了经济学意义上的铺垫。在后期的语言调查方面，结合语言教育和培训的研究也开始得到重视，出现了一些相关的研究，其中王洋（2020）有关新疆基础教育阶段国家通用语言文字课程实施现状调查分析具有一定的代表性。在语言调查基础上，国家通用语言文字的教育终于有了可喜的成果，即《普通话1000句》的出版（谷新矿，2018）。

在社会语言学研究方面，国内的语言社会使用情况调查一直保持较为稳定的研究态势，不过近些年来随着大数据的发展，实地调查的研究有所减少。陈章太（2002）对社会语言调查一直非常重视，指出社会语言调查是社会语言学发展的动力，社会语言调查做得多少、好坏，直接关系到社会语言学发展的快慢和水平的高低。过去一二十年，我们的社会语言调查进行得不少，对汉语及其方言和少数民族语言的语言生活、语言变异都有不少调查，所以中国社会语言学在短短的一二十年里有较大的发展。但这种调查还很不够，还可以做得更多、更好。在社会语言调查中关于语言景观[①]的调查研究也早已开展，其中邢欣（2003）主编的《都市语言研究

---

① 语言景观研究是近些年由国外引进的新研究概念，但早期的城市标示语、城市街区店名、街道名、小区名等的研究已经开展，都是语言景观研究的一部分。

新视角》一书开创了用统计学方法结合三个平面理论①进行社会语言景观研究的新思路，此书基本是语言调查报告的汇总，涉及了城市语言的方方面面。不过，从社会语言学调查来看，除了上述语言扶贫跟语言教育有关外，其他关注点还没有转向语言教育方面，需要进一步加强。

"一带一路"倡议提出以来，相关的语言调查主要在企业的语言需求、外语人才需求和中文人才需求方面，可以看出语言调查更多转向了语言教育和人才培养方面。

第二节　语言调查的新方向——以中亚为例

"一带一路"倡议提出后，需要开展围绕"一带一路"的语言调查，以此提出语言服务的具体举措。近年来，在研究"一带一路"语言时，首先开展的就是沿线国家的语言调查以及"丝绸之路经济带"地区的语言调查。经过几年对中亚语言调查的探索，我们发现"一带一路"语言调查在目标、内容和方法上都有着新的方向。

一、中亚语言需求调查的迫切性和必要性

习近平主席 2013 年 9 月在哈萨克斯坦访问时说："远亲不如近邻。中国同中亚国家是山水相连的友好邻邦。中国高度重视发展同中亚各国的友好合作关系，将其视为外交优先方向。"②据此，中亚的语言需求调查迫在眉睫。从历史上看，"2100 多年前，中国汉代的张骞肩负和平友好使命，两次出使中亚，开启了中国同中亚各国友好交往的大门，开辟出一条横贯东西、连接欧亚的丝绸之路。……东西方使节、商队、游客、学者、工匠川流不息，沿途各国互通有无、互学互鉴，共同推动了人类文明进步。"③习近平主席在这次演讲中还深情地说道："回首历史，我仿佛听到

---

① 三个平面理论是由胡裕树、张斌、范晓提出的现代汉语语法研究理论。
②③ 参见习近平《弘扬人民友谊 共创美好未来——在纳扎尔巴耶夫大学的演讲》，2013 年 9 月 7 日新华社报道，http://www.xinhuanet.com/politics/2013-09/08/c_117273079.htm。

了山间回荡的声声驼铃，看到了大漠飘飞的袅袅孤烟。"①

"一带一路"倡议提出以来，中国同中亚国家贸易发展势头迅猛，中国企业在中亚国家投资增长迅速，其中国企主导产能合作投资，民企主要集中于商贸领域。由此带来的语言需求也迅猛增长，只有调查了解到这些语言需求才能制定出为"一带一路"服务的语言策略。

从研究目的来看，中亚是实现"一带一路"互联互通的中心地带，中亚各国也是与"一带一路"中"丝绸之路经济带"核心区直接接壤或地缘最近的国家，中国的陆上"走出去"战略首先要通过中亚，对中亚国家的语言需求研究是语言战略中不可或缺的一部分。"一带一路"需要语言铺路；语言铺路，调查先行。中亚国家的语言文化状况调查是为"一带一路"服务，调查不仅仅需要了解中亚五国的语言文化现状，更重要的是通过调查提出为"一带一路"建设服务的语言文化服务规划和策略。因此调查的核心是围绕"一带一路""五通"建设所需要的语言文化服务需求。

二、调查内容和问题制定

从调查的实际开展来看，调查方案的制定要有所取舍、有所选择并且切实可行，主要围绕国家"一带一路"的需求展开。中亚五国包括哈萨克斯坦、塔吉克斯坦、吉尔吉斯斯坦、乌兹别克斯坦和土库曼斯坦。对中亚国家的语言文化调查研究，要注意到五国国情有区别，语言文化政策也处在动态发展中。在调查中签证办理难度较大，要全面调查清楚所有的语言文化现状可行性很低，比如中亚各个国家中的少数民族数量多达 80 到 130 个，人数分布很不均衡，不可能对所有少数民族的语言开展实地调查。尽管中亚国家语言教育政策鼓励母语教学，但要想全面了解少数民族母语教学情况，中亚国家本国的研究者都很难办到。因此主要的调查要紧紧围绕"一带一路"建设的需求展开，一切以"一带一路"建设的需求为调查内容的选择标准。主要包括以下几个方面。

（一）中亚五国语言国情的动态变化对"一带一路"建设需求的影响

苏联时期的中亚使用俄语，中亚五国独立后打破了俄语一统天下的

---

① 参见习近平《弘扬人民友谊 共创美好未来——在纳扎尔巴耶夫大学的演讲》，2013 年 9 月 7 日新华社报道，http://www.xinhuanet.com/politics/2013-09/08/c_117273079.htm。

局面，主体民族语言从少数民族语言一跃成为国语，中亚国家的语言国情也更加多元化。从目前情况来看，中亚各国的语言政策主流是提倡以主体民族语言为国语，但俄语仍具有权威影响力，独立后几十年发展出的外交中立政策以及西方文化的影响，使得英语也逐渐成为重要语言。随着中资企业和孔子学院的发展，中文也逐步成为中亚越来越受关注的语言。语言的选择成为博弈的舞台。而这些语言国情都会对不同语种的取舍和需求产生重大影响。

调查的目的主要是为了深入了解中亚语言国情最新变化动态对"一带一路"实施的影响。比如近年来，俄罗斯倡导的欧亚经济联盟加强了合作，在经济上内部互免关税，对外加大关税，中亚吉尔吉斯斯坦、哈萨克斯坦和塔吉克斯坦三国属于联盟国，俄语地位有所回升。而这一举措对中国企业有所冲击，影响到中文的国际传播和教学。但由于中亚国家的经济发展需要中国的支持和帮助，中亚国家也在与中国一起寻求解决的办法，比如塔吉克斯坦延缓实施关税政策，对国际中文教育发展影响不大。同时也需要更深入地了解中亚国家社会生活和基础教育方面的语言国情，以此为"一带一路"的可持续发展做出语言需求的预测。

（二）"五通"带来的中亚国家语言需求调查

"五通"建设离不开语言服务，这带给外语教学及国际中文教育千载难逢的机遇，也促使语言应用研究转变思路，配合国家"走出去"战略，提出为"一带一路"服务的语言学对接策略。

设施联通是建设"一带一路"的基础性工程。在产能合作模式下的中国企业利用自身的技术装备和融资的优势积极开展国际项目。在前期调查中我们了解到，设施联通使得中国企业在中亚迅猛发展。中国企业按照落地国家用工政策的要求需要大量的初通中文生活用语和中文工程用语的员工，带动了当地的"中文热"。"一带一路"建设对政策沟通的语言需求非常大。资金融通和贸易畅通涉及"一带一路"经济建设的合作和发展。这既需要懂得金融贸易的高层次复合型外语中文双向语言人才，也需要大量的为当地华商经营者服务的普通中文口语翻译。民心相通需要语言做桥梁，语言相通才能民心相通。在对民企和华人商会的走访中我们了解到，他们积累的成功解决语言需求的经验都与民心相通相关，其中最重要的是尊重当地的风俗习惯和宗教信仰，同时服务于当地社会。

此外还需要继续深入调查中亚国家的中国企业和华人华商的语言需求，提出为"五通"服务的语言文化服务规划建议。比如细化中国企业的具体语言需求，特别是对中文人才的具体需求，以便于制定出计划性、针对性较强的中文人才和外语人才培养方案。

（三）中亚国家华人华侨在"一带一路"建设中的重大影响和作用调查

中亚国家的华人分布情况较为特殊，由于历史原因和其他因素造成了许多特殊的华人群体。而华侨群体人数并不多，以从事商业的生意人为主。在前期的实地调查中，我们了解到中亚各国华人华侨有以下特点和优势。

1. 语言的多元化

中国与中亚国家不仅在地缘上接近或相连，而且存在千丝万缕的语言联系。从"一带一路"建设的语言需求来看，中亚国家华人华侨的语言优势将助力"一带一路"与中亚国家经济发展对接，为"一带一路""五通"建设搭建语言桥梁。

2. 不同国情下华人华侨的多语优势

中亚的华人华侨生活在不同国度中，受所在国家语言政策及主要语言的影响，大多具有双语或多语使用能力。中亚国家语言国情不完全相同，但由于历史原因，俄语一直作为交际语言在使用，至今俄语仍是人际交流中的主要交际语言。同时，中亚五国独立后都大力提升主体民族语言的地位，主体民族语言上升为国语，也成为官方工作语言和生活语言，所以中亚国家实际上都是使用俄语-主体民族语的双语国家。而中亚的华人移民除了会俄语-主体民族语之外，在国家提倡母语教育政策的鼓励下，还会本民族语言。此外，近年来，在外语教育的选择上，中亚各国也优先选择英语，所以中亚国家的华人移民都会说双语或多语。具体到语言运用层面，中亚国家中除了塔吉克斯坦的塔吉克语与其他四国差别较大外，其他四国的主体民族语言属于同一语族，包括塔吉克斯坦在内的五国少数民族语言也大多属于这一语族，语言相似度较高，这些华人移民可以进行基本的语言交流。

具体的语言优势包括以下几点：一是华人移民内部可以用中亚各国诸语言交流，如哈萨克语、吉尔吉斯语、乌兹别克语、土库曼语等；二是相近语言的华人移民可以跟所属国家人民互相交流，并且这几种语言之间的基本词汇和语法也接近，这些属于同一语族的华人移民与当地人之间也可以简单交流；三是不同国家的通用语有别，中亚国家主要是俄语，中国是中文，华人移民正好利用这一优势做好语言翻译，比如将中亚国家用国语所写的国情资料以及经济贸易所需的资料等翻译成中文，将用中文所写的国情介绍及"一带一路"建设情况翻译成中亚各国国语。

总之，华人移民的多语优势无疑起到了服务于"一带一路"建设的语言纽带作用，也提供了"一带一路"建设所需的丰富的语言资源。

3. "一带一路"背景下的华人移民语言新趋势

中亚五国从 20 世纪 90 年代初先后独立至今已有 30 年，在国情外交、政治经济、语言文化等各个方面都发生了很大变化，华人移民的语言也出现新的发展趋势。

第一，中国经济的迅猛发展及中国影响力的提升促使中亚各国民众在语言教育的选择上开始逐步转向学习中文以及到中国留学。从早期到中国做生意，到近些年在家门口学习中文并在中亚的中资企业就业，以及得到更好的生活和医疗条件、让子女接受更好的语言教育等需求的提升，再加上"一带一路"中亚优先的中国国家政策扶持，为中亚国家学生来华留学提供来自政府、孔子学院、中资企业等各方面的奖学金，促成了一批批中亚华人移民后裔留学生来中国学习。这些来自中亚的华人移民后裔留学生中接受过大学学历教育的学生都在事业上有了良好的发展，大部分选择留在中国，有进入知名中国企业工作的，有通过网络为跨国公司做贸易接洽的，也有为将来从事外交、教育、国际关系等领域工作继续深造读硕士、博士学位的，还有许多人发挥语言优势活跃在商业贸易领域，在中国和中亚国家之间穿梭，成为成功的商人。今后，来自中亚懂中文的华人移民后裔留学生还会更多，这些留学生学成回国将成为"一带一路"建设中连接中国和中亚国家的友好纽带，为"一带一路"建设发挥重要作用。

第二，中亚华人移民后裔来中国留学成为新趋势。例如，20 世纪 60 年代从中国迁移到中亚邻国的华裔，以哈萨克族为主，还有一些是吉尔吉斯族等其他民族，由于中国目前的经济状况快速发展并提供很多就业机会，华裔渴望后代能来中国学习中文和专业，而中国政府也提供专门的华裔奖学金，并在新疆等地开设华侨本科班鼓励这些华裔后代回国学习深造，将他们培养成了解中国的高层次人才，为中国与中亚的友好往来服务。这些学生学成返回中亚国家后直接参与到"一带一路"建设中，成为"一带一路"中新的语言服务力量。

第三，由于哈萨克斯坦独立后迁入了许多新移民，这部分华人移民中的高层次人才大部分成为高等院校中教授中文或中国学的师资，直接为培养"一带一路"建设急需的中文人才服务。

4. 华人华侨在"一带一路"中的语言文化纽带作用

"一带一路"需要政策沟通、设施联通、贸易畅通、资金融通、民心相通的"五通"语言人才，中国与中亚国家的华人华侨就直接担当起"一带一路""五通"语言文化服务的重任，促进中国与中亚国家语言互通。在"五通"中，民心相通是"一带一路"建设的社会根基。"国之交在于民相亲，民相亲在于心相通"，语言在民心相通中发挥着巨大的作用和影响，语言这座桥梁是文化和所有建设的直接载体，承担着文化交流和传播的重任。华人华侨因其具有对中国文化和语言更为熟悉的背景，在推进国家之间民心相通方面也具有独特的优势。重视华人华侨的语言纽带作用，就可以铺就"一带一路"的民心相通之路，"一带一路"才能畅通无阻。

（四）"一带一路"需求下国际中文教育的新拓展调查

经过近些年的发展，中亚孔子学院（分布见表 2-1）已逐步成为所在国中文教学的权威机构，同时成为中国与中亚各国进行文化交流的综合平台，取得的成绩连续多年受到国家汉办/孔子学院总部[①]的好评。吉尔吉斯国立民族大学孔子学院于 2009、2010、2013 年获得"全球先进孔子学院"称号，塔吉克斯坦国立民族大学孔子学院于 2011、2012 年蝉联"全球先进孔子学院"称号；吉尔吉斯国立民族大学孔子学院前任中方院长、吉尔吉斯斯坦比什凯克人文大学孔子学院中方院长分别于 2011、2012 年获得"先进个人"称号。中亚孔子学院正在不断努力拓展功能，从单一的

---

① 这一机构目前更名为教育部中外语言交流合作中心。

中文教学到语言文化传播，从教师、教材、教学法等"三教"问题的解决到人文合作与交流等。

表 2-1　中亚孔子学院分布表

国家	孔子学院名称	中方合作院校	开设时间
哈萨克斯坦	欧亚大学孔子学院	西安外国语大学	20071205
哈萨克斯坦	国立民族大学孔子学院	兰州大学	20090223
哈萨克斯坦	阿克托别州朱巴诺夫国立大学孔子学院	新疆财经大学	20110324
哈萨克斯坦	卡拉干达国立技术大学孔子学院	石河子大学	20121127
吉尔吉斯斯坦	比什凯克人文大学孔子学院	新疆大学	20080615
吉尔吉斯斯坦	国立民族大学孔子学院	新疆师范大学	20090514
吉尔吉斯斯坦	奥什国立大学孔子学院	新疆师范大学	20130620
塔吉克斯坦	国立民族大学孔子学院	新疆师范大学	20090226
塔吉克斯坦	采矿和冶金学院孔子学院	中国石油大学	20150820
乌兹别克斯坦	塔什干孔子学院	兰州大学	20050507
乌兹别克斯坦	撒马尔罕国立外国语学院孔子学院	上海外国语大学	2014

根据前期对中亚语言文化的调查，我们了解到词典编写、中文教材和师资是目前国际中文教育的短板，需要加强。在上述调查的基础上还需要深化国际中文教育调查，主要包括以下几个方面。

1. "一带一路"紧缺专业的语言培训服务调查

习近平主席在 2016 年 6 月发表的讲话中提到："中国将中亚地区视为共建'一带一路'的重点合作地区和重要合作伙伴。双方要加强发展战略和规划对接，共同寻找合作切入点，不断提高合作水平。"[①] 从急需的紧缺专业语言培训来看，主要是围绕"五通"所需要的专业人才，但近年来，中医学、地质勘探调查、考古学等人才也是合作交流中紧缺的专业，需要重视。也就是说，随着"一带一路"的深入发展，紧缺的专业越来越多，需要在深入调查中提出合理布局。

2. "一带一路"建设急需的中文教学服务调查

中文教学服务的对象包括"五通"中的专业高层次中文人才和普及

---

① 参见习近平《携手共创丝绸之路新辉煌》，2016 年 6 月 22 日在乌兹别克斯坦最高会议立法院发表的演讲，http://cpc.people.com.cn/n1/2016/0623/c64094-28470783.html。

型中文人才两个方面。高层次中文人才以"五通"急需人才为主，主要依托国内相关高校开设学历教育；普及型中文人才培训侧重以就业为导向和自主创业为导向的简单中文口语教学，主要依托当地学校和孔子学院，同时与国内短期培训相结合。目前孔子学院定位在语言教学机构已经不能满足当地社会对中国深入了解的需求，同时，大量中亚中资企业急需了解当地的文化、语言及社会风俗。可以说在中亚国家，只有孔子学院能够充当这一角色，孔子学院文化交流平台功能的扩展是必要的。加快孔子学院教学体系的本土化建设和结合"一带一路"建设中中资企业以华人华商的需求进行普及型中文人才培养是重中之重。为此，需要对中亚国家的孔子学院和当地中文学院的学生中文学习需求、教学模式、与中国企业的合作途径、本土师资队伍的现状与可持续发展做大量调查，提出为"一带一路"需求服务的国际中文教育的新思路。

（五）促进民心相通的语言服务和文化交流调查

在前期的调查中我们了解到，民心相通一方面需要讲好故事，包括历史上的中国故事、古丝绸之路中外人民友好往来的故事，更包括"一带一路"建设中的许许多多感人的故事；另一方面，还需要加大中国与"一带一路"沿线国家之间的文化交流以及优秀影视文艺作品的互译。在前期调查中我们已经收集了中亚丝绸之路历史上的许多中国和中亚国家文化交流以及友好往来的故事，还将继续调查整理更多的民心相通的故事，特别是"一带一路"建设中的感人故事，包括中国政府和中资企业为造福中亚建造的学校、医院、图书馆等以及华商协会和孔子学院为当地人民所做的慈善活动等，还有中国企业及华人华商在当地得到中亚国家人民帮助的故事等。

（六）"一带一路"沿线国家安全战略相关语言调查

"一带一路"建设也需要开展与安全相关的语言调查。不过"一带一路"是国家经济发展的重点方略，国家安全考量更多地是体现在对突发事件的应对以及经济建设中核心技术机密的保护上，关于这些研究国家有关方面有多年的积累和战略考量。本研究的成员大多是高校和科研机构的研究人员，很难接触到相关情况的核心内容，只能进行一般性的研究，因此不将此类调查作为重点调查内容。

（七）其他的语言文化相关调查

1. 国家博弈中的语言竞争与中文在中亚传播的新思路

文化的接触，民族的接触，常以语言接触为先导。语言接触不仅带来语言的丰富发展，也带来语言之间的相互竞争。语言竞争可以激发语言活力，也会触发各种语言矛盾甚至社会矛盾。因此，语言接触、语言竞争和语言冲突，应得到语言规划学的重视。在前期调查中我们了解到，中亚国家的语言竞争主要体现在几个方面。第一，英语的影响不断增强。按照国家来看，土库曼斯坦独立后宣布属于中立国家，不结盟其他国家，英语更受到青睐；哈萨克斯坦属于三语国家，在语言政策上将英语列为与国语哈萨克语、官方语言俄语并重的语言，英语的地位明显提升；吉尔吉斯斯坦的英语地位体现在高等教育上，国家有美国开设的中亚大学；塔吉克斯坦和乌兹别克斯坦的英语教育也明显增多。第二，俄语地位依然较为巩固，至少在近些年内人民社会生活还离不开俄语，但下降趋势在有些国家如塔吉克斯坦也很明显。第三，中文的地位迅速提升，一方面由于中国经济实力的增强和中国企业的增多带来实际的就业需求，另一方面随着孔子学院在中亚的发展和中国语言文化的推广传播，中文越来越普及。在被调查的中亚国家街头，当地年轻人几乎都会一句"你好"，这说明中文正逐渐深入人心。不过，中亚国家的中文传播也有国情区别，其中土库曼斯坦由于没有建立孔子学院，而且签证难办，中文传播阻力较大。但随着中石油等中国企业的进驻，以及来华留学生的增多，情况也在逐渐好转。

2. 面向中亚的华文教育调查

中亚国家的华裔不同于其他国家，其主要的华人群体复杂多样，华文教育所遇到的问题也不同于其他地区和国家。目前主要的华文教育实际上是和中文教育分不开的。借助于国际中文教育的传播和推广，华文教育也呈现出新的趋势，主要是针对新中国成立后特别是改革开放后在那里经商的华人商会新移民的特点来进行华文教育。因此，有必要开展中亚国家的华文教育调查。

3. 对外语言文化交流与保护策略构建的调查

近年来，新疆在世界文化遗产的申请和保护上卓有成效，在语言文化交流方面也开展了丰富多彩的活动。而"一带一路"的愿景中提出的民心相通，也主要涉及文化交流问题。《愿景与行动》把它视为"一带一路"建设的社会根基。在对外语言文化交流与保护策略的构建上包括中外文化共通共建和民心相通文化交流。

中外文化共通共建主要包括与其他国家联合申请语言文化遗产的问题。从民心相通的角度来看，对文化传承上的语言文化问题都应提出相关的对策和解决办法，从而达到互利共赢的目的。

在这方面的调查还包括民心相通文化交流的调查，比如加强各国之间与语言相关的文化往来合作活动，积极合作开展书籍、影视语言翻译等工作。近年来中国与不少沿线国家互办文化年、艺术节、文化周、旅游推介、青少年交流等活动，彼此增进了了解，而这些都离不开语言的保障，对此的调查也是文化调查的一部分。

第三节　中亚国家"一带一路"语言需求调查实录

为全面了解中亚国家语情和"一带一路"的语言需求，从 2015 年底到 2019 年 7 月，我们先后赴中亚塔吉克斯坦、吉尔吉斯斯坦、哈萨克斯坦和乌兹别克斯坦四个国家集中进行了语言需求的实地考察（包括赴塔吉克斯坦 3 次，赴哈萨克斯坦 3 次，赴吉尔吉斯斯坦和乌兹别克斯坦各 1 次），调查采用了访谈录音、问卷两种方式进行。

在塔吉克斯坦的语言调查分别于 2015 年 11 月底到 12 月初，2017 年 5 月底和 2018 年 8 月进行，采访了两个地区，即首都杜尚别市和第二大城市苦盏市，采访对象包括中国企业 14 家、孔子学院 1 所、大学 2 所、市场 5 个以及当地村民，共计 120 多人，录音 45 小时左右，有效问卷 87 份。在吉尔吉斯斯坦的语言调查于 2016 年 5 月进行，采访了 4 个地区，即首都比什凯克市、南部奥什市、托克马克地区和伊塞克湖地区，采访对象包括中国企业 4 家、华商协会组织 4 个、孔子学院 2 所、大学 2 所、市场 4 个以及媒体 1 家，共计 50 余人，录音 20 余小时，有效问卷 200 份。在哈萨克斯坦的语言调查分别于 2016 年 7 月初、2017 年 7 月和

2019 年 7 月进行，采访了 5 个地区，即最大的商业金融城市阿拉木图市、首都努尔苏丹市（2020 年前叫阿斯塔纳市）、西部里海港口阿克套市、西部阿克托别和南部石油城市克孜勒奥尔达，采访对象包括中国企业 4 家、华商协会组织 1 个、孔子学院 3 所、大学 6 所、特色中文语言学院 1 所以及市场 4 个，共计 50 余人，录音 45 小时左右，问卷 200 份。在乌兹别克斯坦的语言调查于 2018 年 10 月进行，采访了 3 个地区，即首都塔什干市、第二大城市撒马尔罕和古老的城市布哈拉，采访对象包括大学 2 所、孔子学院 2 所以及市场 3 个，共计 20 余人，录音近 20 小时。调查主要情况如下。

一、中亚国家语言国情对语言需求的影响

从目前情况来看，中亚各国的语言政策是提倡以主体民族语言为国语的主导趋势，但俄语仍具有权威影响力。俄语的地位发生过起伏变化，近年来由于俄罗斯经济比苏联解体之初有明显好转，而经济复苏需要大量劳动力，所以中亚这四个国家每年分别有几百万人去俄罗斯打工，同时由于俄罗斯族在这些国家都占有一定的人口比例以及俄罗斯高等教育发达等因素的影响，中亚国家对俄语的需求有所增长，再加上俄罗斯加大俄语在中亚的语言教育推广力度，俄语的地位有所回升，从小学开始学习俄语的学生人数也增长较快。同时，随着中亚国家独立后几十年发展出的外交中立政策以及西方文化的影响，英语也逐渐成为重要语言。近些年随着"一带一路"倡议的推进，中亚国家与中国的友好关系更加稳固，中国企业在中亚有良好的发展趋势，再加上孔子学院的发展，中文也逐步成为中亚越来越受欢迎的语言。语言的选择成为中亚大国间博弈的舞台，而这些语言国情都会对不同语种的取舍和需求产生重大影响。

二、"五通"带来的语言需求

"五通"包括"政策沟通、设施联通、贸易畅通、资金融通、民心相通"。"五通"建设离不开语言服务，这给外语教学及国际中文教育带来了千载难逢的机遇，同时也促使语言应用研究尽快转变思路，配合国家"走出去"战略，进行为"一带一路"服务的应用语言学理论构建。

设施联通是建设"一带一路"的基础性工程。在产能合作模式下的中国企业利用自身的技术装备和融资的优势积极开展国际项目。在互联互通的网络推动下的中国企业在铁路、高速公路、轻轨、隧道工程等建设中发挥出巨大的能量，承接了沿线国家大量的工程。

在调查中我们了解到，设施联通使得中国企业在中亚迅猛发展。中国企业按照落地国家用工政策的要求需要大量的初通中文生活用语和简单中文工程用语的员工，带动了当地的"中文热"。据新疆教育厅资料显示，仅 2015 年一年，新疆高校在中亚国家合作建立的孔子学院就培训了15000 人次中文学员。

中亚国家对外国企业普遍的用工政策是要求企业聘用 80 % 甚至 90 % 当地员工。在对塔吉克斯坦 14 家中国企业的采访中，他们都谈到了需要大量的初通中文的当地员工，其中在当地最有影响的三大产能合作企业——塔中矿业公司、紫金矿业公司和华新水泥公司为当地解决了 1 万多个就业岗位。中石油在中亚国家颇具影响力，其在塔吉克斯坦的天然气公司招收了上千名当地员工，并与孔子学院合作，定期进行系统的中文培训，还将派优秀的当地员工来中国高校进行中文提升培训。据 2016 年 8 月的资料，中国同"一带一路"沿线 17 个国家共同建设了 46 个境外合作区，中国企业累计投资 140 多亿美元，为当地创造了 6 万多个就业岗位[①]，这就意味着至少需要 6 万名懂简单中文的员工。

通过调查我们得知，"一带一路"建设对政策沟通的语言需求非常迫切。大量企业走出去，需要许多双向了解沿线国家政策法规和中国政策法规的人员，特别是了解税收政策、海关通关政策、银行金融政策法规、经济法规、国际贸易政策、用工政策、外交政策等方面的双向高层次复合型语言人才。此外还需要一些服务于企业常规工作（如签证办理、缴税等）的普及型语言人才。在哈萨克斯坦我们走访了新疆轻工国际有限公司驻当地的新康食品公司，该公司主打的绿色食品拥有哈萨克斯坦同类产品30 % 的市场份额。其负责人赵玲玲表示，公司不缺单一型俄语人才，而

---

① 参见王毅《"一带一路"建设已取得一系列沉甸甸的早期收获》，2016 年 8 月 3 日在主题为"第五届中国—亚欧博览会——共商共建共享 丝路：机遇与未来"的外交部第十七届"蓝厅论坛"上的演讲，http://www.xinhuanet.com/world/2016-08/03/c_129201423.htm。

是特别需要懂国际贸易方面法律法规的复合型俄语人才和略通中文的当地法律人才。赵玲玲本人和办公室干事刘子景都是在国内学的国际贸易专业，到哈萨克斯坦之后才利用工作之余在当地高校深造，攻读了俄语专业硕士学位。

在走访中我们认识到，资金融通和贸易畅通涉及"一带一路"经济建设的合作和发展。这既需要懂得金融贸易的高层次复合型语言人才，也需要大量为当地华商服务的普通中文口语翻译人才。

我们在塔吉克斯坦遇到了当时的中国农业银行新疆兵团分行驻塔吉克斯坦办事处负责人高寒先生，据他介绍，他们要在塔吉克斯坦开设第一家中资银行，他们所需的语言人才必须具备金融、贸易等专业知识，而不是单一型俄语或中文人才。为此中国农业银行总行已经为塔吉克斯坦金融银行界专业人员在北京开设了专业培训班，为他们讲解中国的金融银行政策及服务模式。

同时，我们在吉尔吉斯斯坦实地考察了中国华商市场，走访了中亚最大的大唐建材市场和中海商品批发市场，采访了中海华人商会会长等人。调查显示，华商大部分来自国内南方省市以及毗邻中亚的新疆维吾尔自治区，南方华商以浙江人和福建人为主，他们只会简单的俄语生活口语，所以一般找懂中文口语的当地人帮助其进行交易，这些当地人大多有留学中国学习中文的经历，还有一些是当地的东干族；新疆华商大部分除了会汉语之外都有俄语或者维吾尔语、哈萨克语的学习背景。从这一部分语言需求来看，主要需要的是能够初通贸易语言的从商人员。

以营销为主的企业，如华为、中兴这样的全球化企业，在中亚国家所需当地员工并不多，但语言要求较高，一般是英语、俄语、中亚国家国语都熟练掌握的多语人才。

民心相通需要语言做桥梁，语言相通才能民心相通。中亚有不少华人华侨都会中文，具有语言优势，在民心相通中起到了重要的作用。我们在哈萨克斯坦调查期间，遇到了许多中国哈萨克族移民，给了我们不少的语言帮助，让我们深切地感受到了语言相通的力量。比如接待我们的努尔苏丹市欧亚大学国际关系学院东方系中国学专业老师阿依努尔，克孜奥尔达市博拉夏克大学东语系老师贾娜尔，阿拉木图市国际哈中语言学院院长塔勒哈特和副院长沙吾列老师，阿里-法拉比哈萨克国立大学东方学系教授纳比坚老师等都是从中国去的华人移民。他们在移民前一直在中国生活读书，其中阿依努尔老师博士毕业于中央民族大学，贾娜尔老师曾任教于新疆塔城地区中学，塔勒哈特老师毕业并曾任教于新疆大学物理系，纳比坚教授曾任职于新疆社会科学院，沙吾列副院长曾任职于新疆塔城地区教育学院，现在他们都成为哈萨克斯坦的本土中文师资和高层次中文人才，为中哈两国的文化交流、共同繁荣和经济腾飞助关键之力。

第四节　"一带一路"中亚语言需求调查启示

习近平主席强调："中国的发展离不开世界，世界的繁荣也需要中国"。[①]在"一带一路"中亚国家语言现状和需求调查中我们也深深体会到这个道理。无论从当下"中文热"的驱动力来看还是从外语非通用语的需求大量增长来看，都离不开"一带一路"倡议下中国与世界在基础能源领域、金融贸易领域以及通商物流领域和文化交流领域的合作发展。中国的经济增长拉动世界经济复苏，世界经济繁荣又成为中国经济发展的源头。在与"一带一路"沿线国家的互利互惠中，语言需求呈现出多元化和中文地位提升的局面。

一、中国企业对高层次复合型专业语言人才的殷切期盼

在对中亚国家 20 多家中国企业的走访中，参加座谈的所有企业的负责人都表达了对高层次复合型专业语言人才需求的殷切期盼。这类人才有以下几个特点：第一，具备专业领域知识；第二，具备所在国家的语言能力；第三，具备跨文化交际与人际沟通能力；第四，具备应变突发事件的能力；第五，具备吃苦实干的能力。

---

① 参见习近平《弘扬"上海精神" 深化团结协作 构建更加紧密的命运共同体》，2020 年 11 月 10 日在上海合作组织成员国元首理事会第二十次会议上的讲话，http://www.gov.cn/xinwen/2020-11/10/content_5560353.htm。

　　在采访中我们听到、见到了中国企业中许多具备上述特点的高层次优秀人才及他们的故事，也为他们不经意间所讲述的各种遇险经历所感动。在塔吉克斯坦的采访中，由于遇到下大雪导致回国航班延误，在当时的塔吉克斯坦国立大学孔子学院教师汪玲玲的陪同下，中铁五局当时在中亚地区的总负责人许贤慧经理特意开车带我们去他们在首都杜尚别市的驻地办。在跟许经理的交谈中我们了解到，他本人就是具备以上五种能力的高层次语言人才。他讲了一段在帕米尔高原上惊心动魄的经历，当时他只身一人带领当地员工车队翻越昆仑山，走高原险路时遇到雪崩，后车轮悬空在崖边峭壁上，连续几个小时踩着刹车一动不动，等救援到来才得救。听到这样的故事，我们感受到了中国企业在国外发展过程中的艰辛，"岁暮风动地，夜寒雪连天"，不知有多少中国企业的管理人员、技术人员遇到过这样的险境，可是我们在采访中所遇到的这些员工没有一个人有所抱怨，他们用乐观、积极的精神面对"西出阳关无故人"的艰难困苦。在与中水电十五局技术管理人员的座谈中，负责人谢翔非经理自豪地给我们展示了 2014 年 9 月习近平主席访问塔吉克斯坦时接见该局驻塔全体人员的合影，谢经理讲一口福建味儿的普通话，虽然他本人换岗到塔国时间不长，却常常去当地员工家中探视，在探视中尊重当地国家的习俗，盘腿而坐，与当地员工亲如一家。

　　我们也采访到许多有外语专业背景并精通业务的高层次复合型语言专业人才，如中石油驻塔吉克斯坦天然气管道公司当时的党委书记胡宁、中水电十五局工程师邓桂香、翻译兼干事王健、中铁五局翻译兼干事李彬，中铁设计院项目负责人蒋小菊，华新水泥公司的翻译小高等。哈萨克斯坦中石油下属西北钻探公司人力资源部主任刘刚、哈萨克斯坦阿克套滨里海中国石油公司张凯等都是俄语或英语专业毕业，但在工作中都成为独当一面的专业人才，在背井离乡的他国异域奉献青春，默默为中国的经济发展出力。中石油的胡宁书记是英语专业背景，对石油业务也了如指掌。他在采访中不苟言笑，但一说起来塔吉克斯坦开始学习俄语和塔吉克语的情况和公司对员工在语言方面的要求却侃侃而谈，他还告诉我们他在网上加入学习俄语和塔吉克语的 QQ 群，互相交流学习体会。当看到他拿出的俄语和塔吉克语学习小册子上密密麻麻写满的注释时，我们完全被他的学习精神所征服，成了他的粉丝。这才是"一带一路"建设中国家所需要的栋梁。

二、华商协会语言需求解决之道的借鉴

在采访吉尔吉斯斯坦华商协会的调查中我们了解到，无论是商会的会长理事还是市场上的从商人员都在经商过程中遇到过许多语言困境，但也都积累了成功解决语言需求问题的经验，他们谈得最多的解决语言需求问题的方法都与"一带一路"中的民心相通相关。从他们的叙述中我们了解到，最重要的方法是为当地懂中文的雇员排忧解难，关心他们的生活，尊重当地的风俗习惯和宗教信仰，与当地人交朋友；此外，商会经常组织各种慈善活动，服务于当地社会，为当地造福。

我们在吉国调研期间，有幸参加了比什凯克市中海市场华商协会组织的慰问比什凯克附近的托克马克和哨葫芦乡两所孤儿院的慈善筹备会，亲身感受到华商们做慈善事业的一片爱心。我们在哈萨克斯坦的调研也受惠于吉尔吉斯斯坦采访中结识的华商朋友的帮助。吉尔吉斯斯坦华商陈争冬为我们请来他的好朋友 Tashev Timur，华商朋友们都习惯称呼他的中文名金龙。金龙是吉尔吉斯斯坦的多语人才，通晓俄语、吉尔吉斯语、中文、英语、乌克兰语等多种语言，是吉国华商协会的重要合作伙伴，经常为华商们解决各种从商中遇到的语言难题。我们在哈国期间见证了他的多语沟通能力，也为他的古道热肠所折服。一路上他既是我们的好翻译、好伙伴，又是我们的好向导、好顾问，在机场，他还主动地帮助了两位不懂当地语言的中石油员工解决了他们的机票改签困难。

三、中亚国家中文高层次人才储备之路的思考

由于学生学习动机和目的不同，语言需求也有不同层次的要求。在调查中我们发现，尽管中国企业需要大量会简单中文口语和简单工程术语的中亚国家当地员工，他们属于普及型中文人才，但是在"一带一路"建设中也需要一定数量的高层次中文人才来为"五通"服务。据调查，这些高层次中文人才包括精通国情中文、外交中文、政策法律中文、经贸中文、师资中文、医学中文等的人才。例如医学中文人才是近年来紧缺的高

层次人才，习近平主席在乌兹别克斯坦上海合作组织成员国元首理事会第十六次会议上发表的《弘扬上海精神　巩固团结互信　全面深化上海合作组织合作》（2016 年 6 月 24 日）讲话中提出："中方计划利用新疆的医疗条件和区位优势，打造面向周边国家的国际医疗服务中心，同各国深化卫生领域合作交流。"这些人才能直接服务于国际医疗服务中心的建设。

　　我们在调查中也遇到了一些这样的高层次中文人才。在塔吉克斯坦国立民族大学我们见到了国际关系系的副教授 Parviz Mahmadov（帕尔维兹·马合马多夫）老师，他在北京语言大学读过中文预科，毕业于中国的外交学院，说一口流利的中文，一心一意为中塔文化交流服务，他最近刚编写了第一部在塔吉克斯坦出版的《汉俄外交词典》（杜尚别 Graphika 出版社 2016 年版）。还有目前是该大学中文教师的 Aslidin（中文名简称阿列）先生，他当年在中国做高级访问学者学习中文时结识了他的中国妻子王慧娟老师，由此成就了一段动人的爱情故事，成为中塔两国跨国婚姻的典范，搭建了中塔两国民心相通的桥梁。如今王慧娟老师会一口流利的塔吉克语，当时是孔子学院老师，现在是新疆师范大学国际文化交流学院的教师。他俩的事迹已经在原中央电视台中文国际频道纪录片《远方的家·"一带一路"》塔吉克斯坦专辑中播出。在对吉尔吉斯斯坦国立民族大学的调查中，我们在吉中学院中文教研室见到了 7 位本土中文教师，他们都是在新疆师范大学获得汉语国际教育硕士学位的高层次中文人才，其中的阿依古丽老师当时正在攻读北京语言大学的"汉学计划"语言学及应用语言学专业博士学位。在哈萨克斯坦，我们的采访更是得益于这些高层次中文人才的帮助，特别是后两次语言调查，从邀请函到住宿采访安排都得益于哈中语言学院院长塔勒哈特先生和副院长沙吾列老师的安排，他俩不仅安排了我们与他们学校教师的座谈交流会，还安排了许多当地人帮助我们。院长塔勒哈特先生于 20 世纪 90 年代初来到哈萨克斯坦，从大学教师身份转换为生意人，吃过不少苦，后来他自费创建了这所得到哈国教育部认可的私立高等职业专科学院，专门培养中文人才和语言人才。他们多次来中国考察，同北京、重庆、西安、海南等省市的教育部门和高校建立合作关系和实习基地，输送了大量学生来中国留学，也为哈萨克斯坦培养了大量的中文专业栋梁之才，活跃在哈国全国各地的中资企业、本地企业、医疗卫生和文化教育岗位上。该校塔勒哈特院长的事迹也在原中央电视台中文国际频道纪录片《远方的家·"一带一路"》哈萨克斯坦专辑中播出，还在该频道《华人世界》节目中播出。还有哈国阿拉木图阿里-法拉比哈萨克国立大学的纳比坚教授也是精通哈中两国语言和国际关系的著名专家，经常受邀来中国做学术讲座。在乌兹别克斯坦，我们也遇到了这样的高层次中文人才，其中塔什干国立东方学院中文系主任萨布哈特教授和东方学院孔子学院外方院长萨奥达特姐妹俩就是"中文通"。在那里召开的中文系座谈会上我们了解到，她们系是中亚地区目前唯一的一个中文系，也是苏联时期中亚的中文研究中心，其中文研究和教学早在苏联时期的 20 世纪 50 年代中后期就开始了。该系系主任和教师们主编了多部中文教材，除了语言类的还有地理历史等方面的。通过深入采访，我们了解到姐妹俩的父亲早年曾在乌兹别克斯坦驻中国大使馆工作过，会说一口流利的中文，对中国有着深厚的感情。我在采访中也被她一家浓浓的中国情所感动。

从对中亚国家高层次中文人才的调研情况来看，中国政府奖学金项目、孔子学院奖学金项目及"汉学计划"项目在高层次中文人才储备方面发挥了巨大的作用，这为高层次中文人才的培养带来了新思路。不过，我们在调查中也发现，高层次中文人才培养周期较长，不能在短期见效，所以应该重质不重量，在精不在多。要加大高层次中文人才在一流大学和具有地缘优势、语言优势、专业优势高校的培养力度。

"一带一路"中亚语言需求调查加深了我们对中国国情和中亚国情的了解，给了我们新的启示。特别是一路走来，我们遇到了许许多多为两国友谊、为中亚建设默默奉献的建设者和学者们，他们的事迹令人感动，更让我们看到"一带一路"深入发展的希望和力量。

第五节　城市语言商业景观调查①

　　城市商业景观是随着全球经济一体化格局的发展而出现的新型商业综合体模式。这种模式中最大的语言景观就体现在以拉丁字母为主的外文语言标牌②逐渐增多而中文语言标牌逐步减少上。根据我们于 2015 年 4 月—5 月对北京市九大购物娱乐中心③里所有 2579 个店铺标牌的调查统计，其中标有外文字母的语言标牌有 1890 个，占 73.28 %；而在城市商业中心区里，这种现象更加明显，如三里屯景观区共有 222 家店铺，其中有外文字母的语言标牌有 219 个，占 98.65 %。在这 2000 多个店铺标牌中，双语标牌数目也呈现下降趋势，其中双语标牌只有 439 个，占 17.02 %；在这 400 多个双语标牌中，外文字母大、汉字小的又有 129 个，占 29.38 %。这些数据进一步印证了北京市的商业景观中外文标牌已发展成为语言标牌的主流，这成为不可忽视的语言现象。

　　根据《北京市实施〈中华人民共和国国家通用语言文字法〉若干规定》（2003 年 5 月）中的第十一条和第十三条要求，企业名称、商品名称以及广告应当以国家通用语言文字为基本用语用字。公共服务行业的名称牌、指示牌、标志牌、招牌等应当以规范汉字为基本服务用字。这说明上述所说的外文标牌现象违反了北京市有关语言文字规范化的规定，但由于全球一体化的大趋势，外来品牌大量涌入，外文标牌的来袭也是无法避免的现象。这反映出语言规划面临着新的困境和挑战。如果全面禁止外文标牌，将不利于商品标牌的全球化并导致中国与世界的脱轨；而完全任由外文标牌在城市语言商业景观中大量使用，不仅会进一步弱化汉字的地位，

---

　　① 本节根据邢欣、丁嵩山、王连盛、叶苏嘉、王丽芳的论文《都市商业景观中的外文标牌对语言规划的挑战——以北京市九大购物中心的语言标牌调查为例》修改而成，原文发表在《澳门语言学刊》2017 年第 1 期上。

　　② 语言标牌（linguistic signs）是语言景观研究的主要对象，它是指现实环境中用以陈列展示语言文字的物质载体，如路牌、街牌、楼牌、广告牌、警示牌、店铺招牌、条幅、标语等固定在某个空间位置的字牌等。

　　③ 这九大购物中心是欧陆广场、新中关购物中心、龙德广场、长楹天街、三里屯、金源燕莎、东方新天地、西单大悦城和蓝色港湾。

同时也会加速中文标牌的衰减。这种现象值得进一步探讨和研究。

一、历史积淀与现代化撞击中的城市语言商业景观

（一）有关城市语言景观的研究

"语言景观（linguistic landscape）"这一概念最早由加拿大学者罗德里格·兰德里和理查德·波希斯（Rodrigue Landry，Richard Y. Bourhis，1997）提出，他们认为，"公共设施，如路牌、广告牌、街名、地名、商铺招牌以及政府楼宇的公共标牌之上的语言共同构成一个地区或城市群的语言景观"，不过，也有学者认为应改为都市语言景观（linguistic cityscape）。尽管存在名称之争，但有关语言景观的研究在国际上已成为研究的热点。国内社会语言学界近年来也开始了对城市语言景观的探讨，其中徐茗 等（2015）从人文地理学角度全面介绍了城市语言景观的最新发展，尚国文 等（2014a，2014b）则侧重于城市语言景观的理论构建和探讨，而田飞洋 等（2014）从语言景观角度着重以举例方式调查了北京市学院路双语公示语的问题。不过，尽管国内城市语言景观研究尚处在起步阶段，但有关城市语言景观所指的语言标牌研究却早已开始，并成为国家语言规划和政策中的重要内容。许多学者从 20 世纪 80 年代起就开始了相关研究，如陈松岑（1985）、胡明扬（1987）、祝畹瑾（1992）等。从20 世纪末开始，随着社会语言学的兴起，徐大明 等（1997）、郭熙（1999）、邢欣（2003）等一批学者也从社会语言学角度对城市语言中的语言标牌进行过深入的调查和研究。不过，随着全球经济一体化进程的不断推进，跨国公司加快了全球化的战略布局，在商品语言标牌设计上采取直接使用原品牌文字，而不用翻译文字的形式入驻世界各个国家的大型购物娱乐中心和百货商业中心。由于大型知名跨国公司以欧美发达国家为主，因此语言标牌也都以拉丁字母标牌或改造的拉丁字母标牌为主。这种现象给世界各国，特别是许多发展中国家的商业景观中的语言文字带来冲击，造成了本土化和外来化的冲突，也给各国的语言规划带来了新的挑战。

（二）北京市商业景观的历史积淀

北京是一座有着3000 余年建城历史、860 余年建都史的历史文化名城，拥有众多历史名胜古迹和人文景观。这种深厚的文化历史积淀总会对

北京市的商业景观留下影响。从地理景观来看，处于市中心附近的名胜总是与商业景观相连或融入商业景观中。以王府井为例，从元代起就已成为北京的商业景观名胜，距今已有 700 多年的历史。在王府井大街上，有许多百年以上历史的老字号商铺。过去的老北京人讲究"头顶马聚源（帽店），身穿八大祥（绸缎店），脚踩内联升（鞋店），腰缠四大恒（钱庄）"，而这里的"马聚元""八大祥""内联升""四大恒"都是北京的老字号店，如今"盛锡福"代替了"马聚源"，"八大祥"只剩"瑞蚨祥"，"四大恒"已消失；"鹤年堂药店"和"六必居酱园"，单是那门口悬挂的匾额就有 500 年的历史；还有驰名中外的老字号如"月盛斋、烤肉宛、稻香村、永安堂药店、荣宝斋"及"吴裕泰茶庄"等。京城民间流行的歇后语"不到长城非好汉，不吃烤鸭真遗憾——全聚德""东来顺的涮羊肉——真叫嫩""六必居的抹布——酸甜苦辣都尝过""同仁堂的药——货真价实""砂锅居的买卖——过午不候"等，就生动地描述了这些老字号的品牌特色。这些老字号，荟萃成了京城里的商业景观。直到今天，这些老字号仍然是一道亮丽的风景线。而老字号的商铺标牌往往都以中国汉字书法艺术的形式出现，成为王府井的商业人文地标。

（三）现代都市化发展中的语言商业景观

北京是新中国的首都。改革开放以前，北京的特色体现在政治中心和文化中心上，改革开放以后，北京市迅速发展为国际化大都市。特别是在 2008 年北京奥运会之后，北京成为各跨国公司在中国设立总部的首选城市；而金融街的崛起，更代表着北京正在成为中国的金融中心城市。北京的城市建设日益向现代化、都市化迈进，商业景观也随之发生了翻天覆地的变化。其变化之一是在地理上迅速扩张，由以前的三环以内为主，扩张到了现在的以六环为代表的周边地区。在不断扩张中，出现了许多大型的居民社区。随着居民社区消费需求的增长，也出现了与国际化接轨的新商业景观，这就是出现在新居民区里的大型购物娱乐中心。这些新的购物娱乐中心给北京市的语言商业景观带来了现代化的冲击。传统的老字号店逐步由国外或现代化的品牌专卖店替代，店名命名上也呈现出外文字母带来的外来文化特点。在 9 个购物娱乐中心中，像"BOSE、Lavinia、Vans"这样的纯英文标牌比比皆是，而一些中国商品也用外文字母标牌命名自己的产品，如"JNBY、Aape、aojo"等。这样就构成了以外文字母标牌为代表的新型城市语言商业景观。

（四）新语言商业景观中的外来化和本土化的冲突

都市中的国际化，主要彰显在商业景观的建设上，具体表现在随着购物娱乐中心的建设所形成的商业景观上。这种商业景观不仅仅是商业中心或购物中心，它还有各种娱乐中心，如影院、健身房、溜冰场、蹦极场、攀岩坊等，此外还有供儿童娱乐的亲子娱乐中心。传统的购物方式在现代商业景观中发生了巨大的变化。随着人们购物模式的改变，商业景观不再以商业中心为中心，而是多以商品名称为代表的专卖形式（即专卖店）为布局。新的商业景观的出现，必然会对本土语言产生冲击。在国际化影响下，最大的冲击就是以拉丁字母标注的标牌大量出现。无论是在北京传统的中外文化交融的商业景观区，还是在新居民社区的大型商业景观区内，外文标牌数量都在日益增多。而本土化的翻译标牌往往位置不显著[①]。在我们所调查的 9 个有典型代表意义的购物娱乐中心中，都出现了这种情况。究其原因，一方面是跨国知名品牌在全球采用了相同的品牌标写店名，另一方面是国内有些品牌刻意模仿国外同类商品名称，以及自创外文字母名称以示其商品的价值。而更深层的原因在于经济上的考量，即投资方对购物娱乐中心的投资回报是以盈利为目的的商业行为。因此在这样的背景下，势必就会以商业的整体价值判断为核心来设计。在品牌名的设立上会更多地满足入驻商家的利益需求，使用其原有品牌名而忽略对汉字的使用问题，这势必带来中文标牌式微，影响汉字文化的传播。

二、具有典型特征的城市语言商业景观的选取

（一）城市语言商业景观的典型特征

在全球化商业模式的运作下，城市语言商业景观出现了一些新的特征。这些特征与新的商业景观的设计理念相吻合。以下是有关城市商业景观的典型特征描述。

---

① 或者没有，或者以不对称的方式附加在标牌的下方、侧面等。

1. 体验式

城市商业景观设计具有跨学科特征，从设计角度考量，现代化的城市商业景观最典型的特征是体验式特征，即由传统的购物式单一消费模式转化为集大型表演、餐饮休息和娱乐休闲为一体的城市商业综合体——购物娱乐中心，以此吸引消费者，刺激消费者的多元行为（参见叶郁，2015）。在语言景观上反映为餐饮店名以中文店名为主，而体验馆多以双语为主。

2. 国际化

全球化对中国商业经济产生了巨大的影响，这也体现在城市商业景观的建设上。第一，经济模式上，中国逐步融入国际经济体系，一些城市的职能和发展方向也开始分化，强调外向型、国际化成为一种时尚，而借用城市公共空间的形象化建设扩大城市知名度也成为一种发展经济、招商引资的辅助手段。城市商业购物娱乐中心就是这样一个重要载体。第二，社会特征上，在许多经济发达的城市中，公共环境建设正逐步呈现出向市民化，即向自由、平等和多元化方向转变的大趋势。第三，文化上，全球化不仅是经济现象，而且是一种文化现象。文化全球化的结果，使得各地的文化景观日益呈现出地方性与全球性、个性与共性相互并存，相互影响，相互冲突，相互促进等动态演变的特征。同时，全球化突破了世界不同文化的隔阂，为中国带来更广阔的借鉴和比较的视野。第四，设计理念上，全球化在为中国发展带来新视角、新观念的同时，也造成了传统文化的失落，城市景观和城市公共空间出现了特色缺失和趋同的现象（参见黄培森 等，2007）。例如，在语言景观上出现轻视中文标牌的现象。

3. 视觉美

城市商业景观作为一个城市商业载体，集合了世界各国众多著名品牌，同时又是城市居民购物、休闲娱乐一站式消费体验的首选之地，视觉美景成为一个显著特征，诸如店名设计、绿化、环境美化等都成为必不可少的景观（参见吴锋，2014）。在语言景观上，视觉美可以体现在标牌上，以中文为标牌的以各种书法体为主；以外文为标牌的以各种印刷体、手写体为主。

（二）选取城市语言商业景观的参照标准

在取样的过程中，主要选取以下参照标准。

1. 以典型特征为参照

根据调查和统计，除了东方新天地①之外，其他 8 个商业购物中心都具备体验式、国际化、视觉美的特征。据统计，8 个商业中心里有许多具有体验式特色的店铺，比如蓝色港湾的西瓜头儿童摄影俱乐部、美丽田园SPA、怡和 42 度热瑜伽、Sinble 进口家具体验馆等，长楹天街的全明星滑冰俱乐部、麦淇健身养生会所、卢米埃影城、爱玩儿嘉年华等。国际化特征主要体现在外来词上。如三里屯里使用外文标牌的店铺共有 219家，占总店铺数的 98.65%；金源燕莎商业中心里使用外文标牌的店铺共有 432 家，占总数的 97.96%。而在视觉美特征上，各个商业中心店铺基本都是使用印刷出来的具有视觉美的字体，以达到吸引顾客眼球的目的。

2. 以地理分布区域为参照

2.1 使馆区

使馆区的语言商业景观以蓝色港湾为代表。蓝色港湾地处北京国际化程度最高的朝阳区，紧邻奥运沙滩排球场地，周边环绕日本、以色列、法国、马来西亚 4 个使馆，写字楼及高档公寓林立，外籍人士众多，所处地区可以称之为典型的使馆区。

2.2 居民社区

居民社区选取了 4 个，地理位置分别在北部、东北部、东部和西部。天通苑是北京郊区最早建立的居民区，地处北京北部，体现出平民化的特征。处在该地区的龙德广场主要以低档品牌为主。而欧陆广场在东北部。从布局上来看，它是一个中等的购物娱乐场所，在功能上购物和餐饮特色比较突出，娱乐性相对较弱。从选址上来看，它地处新国展中心，附近有知名的顺义国际学校，周边有别墅群，消费以中高档为主。长楹天街和金源燕莎各处东西两个方位区，都是北京新商业景观区的典型代表。附近围绕有地铁线和多个居民社区，消费以休闲娱乐为主。

---

① 东方新天地处在王府井商业地标区内，而且建立时间较早，因此其体验式景观特色不明显。

2.3　地标区

处于地标区的选取了 2 个。一个是东方新天地，它地处北京的地标性旅游景点王府井商业区中。一方面它处于传统文化的包围之中，深受传统文化的浸润；另一方面它又是王府井传统文化浸润下的特例，成为奢侈品牌集中区。现如今的东方新天地已经是商业景观中国际化的代表，成为新的现代化标志。

另一个是西单大悦城，此金融商业景观处于北京商业地标区西单。西单作为老北京的一个街区，充分反映出北京商业的变迁，由过去的小商品集发地，逐步发展成为现如今周围以"洋行"为主的金融商业区，成为北京市的地标区，引领了北京的另外一种年轻时尚。

2.4　新兴商业区

新兴商业区指改革开放后发展起来的商业景观区。以新中关购物中心为代表。中关村是"中国硅谷"IT 行业的特区，以此带动建立起来新的商业景观区，是近些年发展起来的购物娱乐中心。它既是海淀区的标志，也是改革开放后北京新兴商业区的代表。

3. 以消费群体特征为参照

3.1　中青年消费群体

中青年消费群体参照点选取了新中关购物中心。中关村经过几十年的发展，它不仅有着当时背景下的文化特征，又融合了 60 后、70 后和当下 80 后、90 后的消费群体。在中关村建立起来的购物中心也就承袭了它的特点，不仅有着年轻人的时尚，又有着包括大型的连锁超市在内的生活的特色。由早期的新型时尚区转化成当下成熟的生活商务景观区。

3.2　青年消费群体

青年消费群体选取了西单大悦城，这是一座精心打造的"国际化青年城"，它融合购物中心、酒店服务式公寓和甲级写字楼多功能为一体。这座西单商圈唯一的商业景观区迅速成为时尚达人、流行先锋、潮流新贵休闲购物的首选之地，时尚的年轻人、情侣为主要光顾的人群。

4. 以消费文化为参照

消费文化商业景观的代表是三里屯。三里屯是一处外来文化冲击下的商业景观，也是中外文化的交融汇聚地。这里体现出年轻时尚以及中外文化撞击的特色。过去的三里屯有北京的"夜晚经济"符号——酒吧文化鼻祖之称；改革开放后，由酒吧一条街发展成为现如今的现代化时尚购物娱乐场所和中外文化的交融地，吸引着中外年轻人的目光。

三、北京市语言商业景观中外文标牌的调查分析

（一）外文标牌使用总况

本次调查我们共收集了 9 个购物中心的 2579 个标牌，其中包含外文字母的标牌共有 1890 个。这些包含外文字母的标牌可分为两类：一类是纯外文标牌，如"ASH""BOSS""COACH"等；另一类是中外文双语标牌，如"Croquis 速写""broadcast：播""俏江南 South Beauty"等。中外文双语标牌中，中外文不对称（外文大、中文小）的也做了分析。

不同购物中心以上类别的数目与所占比例，如表 2-2 所示。

表 2-2　语言标牌统计表

类别	地点									
	欧陆广场	新中关	龙德广场	长楹天街	三里屯	金源燕莎	东方新天地	西单大悦城	蓝色港湾	总计
标牌总数	121	389	217	330	222	441	244	223	392	2579
包含外文的标牌	95	279	122	238	219	432	180	188	137	1890
	78.51%	71.72%	56.22%	72.12%	98.65%	97.96%	73.77%	84.30%	34.95%	73.28%
纯外文标牌	34	224	80	184	181	346	146	147	109	1451
	28.10%	57.58%	36.87%	55.76%	81.53%	78.46%	59.84%	65.92%	27.81%	56.26%
中外文双语标牌	61	55	42	54	38	86	34	41	28	439
	50.41%	14.14%	19.35%	16.36%	17.12%	19.50%	13.93%	18.39%	7.14%	17.02%
中外文不对称（外文大、中文小）[①]	8	17	7	13	14	38	14	16	2	129
	13.11%	30.91%	16.67%	24.07%	36.84%	44.19%	41.18%	39.02%	7.14%	29.38%

1. 纯外文标牌的使用情况

在我们调查的 2579 个标牌中，纯外文标牌共有 1451 个，占总数的 56.26 ％。从表 2-2 可以看出，除了欧陆广场外，其他购物中心标牌中纯外文标牌所占总数的比例要远远大于中外文双语标牌。

在欧陆广场中，之所以出现中外文双语标牌数量大于纯外文标牌数量的情况，是因为除了商店的固有标牌外，每家店的一侧都有一个中文加

---

① 本行比例为中外文不对称标牌数占中外文双语标牌数的比例。

外文的标牌，这可能是由于相关部门对该地进行了统一的规划与标牌的规范，所以出现了这样的情况。而其他的 8 个购物中心中，纯外文的标牌比例明显大于双语标牌比例，这种现象应引起我们的重视。之所以会出现这么明显的用语倾向，究竟是因为外来品牌的强势入侵还是因为从众心理，抑或是其他原因，有待进一步的分析。另外，这种现象所造成的影响我们也会在下文进行详细的分析。

2. 中外文双语标牌的使用情况

根据上述数据的统计可以发现，在商业标牌中双语现象不是个例，在我们调查的 9 个购物中心中双语标牌的总数为 439 个，占到总标牌数的 17.02 %。其中欧陆广场中双语标牌的比例最高，占到语言标牌总数的 50.41 %；新中关中双语标牌共 55 个，占总数的 14.14 %；其他的 7 个购物中心龙德广场、长楹天街、三里屯、金源燕莎、东方新天地，西单大悦城、蓝色港湾中的双语标牌数占的比例分别为 19.35 %、16.36 %、17.12 %、19.50 %、13.93 %、18.39 %、7.14 %。我们所选取的这 9 个购物中心分布在北京的各个区域，其中处于地标区的西单大悦城、东方新天地、三里屯以及使馆区的蓝色港湾受到地理位置的影响，即这些地区多为外国友人以及年轻潮人的汇聚观光地，使得在该区域中一方面为了解决外国人语言不通的困难，另一方面为了迎合当代年轻人追求时尚的特点而使用了一些双语标牌；而相较于以上的商业区，欧陆广场双语标牌的大量存在显示出该地受到语言规划政策的有效规范。

而在这些双语标牌中，我们发现有些标牌还存在着中外文不对称的现象。在 9 个我们所调查的购物中心中，中外文不对称的现象占中外文双语标牌的 29.38 %。欧陆广场、新中关、龙德广场、长楹天街、三里屯、金源燕莎、东方新天地、西单大悦城和蓝色港湾中的中外文不对称标牌占中外文双语标牌的百分比分别是 13.11 %、30.91 %、16.67 %、24.07 %、36.84 %、44.19 %、41.18 %、39.02 %和 7.14 %。

（二）个案分析

我们从 9 个购物中心中选取了三里屯、东方新天地和长楹天街 3 个购物中心进行个案分析。之所以选取这 3 个购物中心，是我们综合考虑的结果。首先，从模式上来说，三里屯是开放式模式，东方新天地是开放区里的封闭式模式，而长楹天街则是封闭式的模式，在模式上都具有很强的代表性，可以从模式上对北京的购物中心有一个比较全面的分析。其次，从建立的时间上来看，三里屯是最早建成的，其次是东方新天地，最新的是长楹天街，可以从时间上对北京的购物中心标牌有一个比较全面的分析。最后，从消费人群来说，三里屯的消费人群主要是外国人，长楹天街的消费人群以中国人为主，而东方新天地则二者兼有，这样也可以从消费人群的角度对北京的购物中心有一个比较全面的分析。

1. 三里屯个案分析

三里屯共调查了 222 个标牌，其中纯外文的标牌有 181 个，占总数的比例高达 81.53%，这一比例在调查的 9 个购物中心中是最高的；包含外文的标牌数量更是达到了 219 个，所占的比例高达 98.65%，同样是 9 个购物中心中比例最高的；而双语标牌的比例只占 17.12%，虽然在 9 个购物中心中排了第五，但跟其他购物中心的差距不是很大。这几个数据与三里屯的消费人群主要是外国人相吻合。三里屯作为北京有名的外国人喜欢消费的地方，这里聚集了大量的外国人，因为消费人群的缘故，三里屯的绝大部分标牌都是以外文为主，很少有中文的。

2. 东方新天地个案分析

东方新天地共调查了 244 个标牌，其中纯外文的标牌总数是 146 个，占总数的 59.84%，在我们调查的 9 个购物中心中排在第四位；包含外文的标牌数量是 180 个，占总数的 73.77%，在 9 个购物中心中排在第五位。这和东方新天地的消费人群里中国人和外国人数量差不多的情况是一致的。东方新天地的中外文不对称的标牌数量占双语标牌总数的 41.18%，在 9 个购物中心中排在第二位。商家在设计标牌的过程中，考虑到消费者国别的特点，设置了一些双语的标牌。

3. 长楹天街个案分析

长楹天街共调查了 330 个标牌，其中纯外文的有 184 个，占总数的 55.76%，在 9 个购物中心中排在第六位；包含外文的标牌总数是 238 个，占总数的 72.12%，在 9 个购物中心中排在第六位；而双语的标牌总数是 54 个，占语言标牌总数的 16.36%，在 9 个购物中心中排在第六位。从上面这些数据，我们可以看到，这和长楹天街的消费者主要是中国人有很大的关系。因为长楹天街的消费者以中国人为主，所以它的标牌中，纯外文标牌的比例、双语标牌的比例都不是很高，在 9 个购物中心中属于靠后的。但是我们可以从中看到，尽管长楹天街的消费者以中国人为主，包含外文的标牌占总标牌数的比例还是很高，有 72.12 %，这个现象值得我们重视和研究。

四、北京市商业景观中语言标牌的挑战及规范建议

（一）外文标牌对中文带来的挑战

通过以上调查数据可以明显看出，在城市新商业景观中语言标牌外文化现象非常普遍，这给语言规划带来新的挑战和思考。

1. 外文标牌的促进作用

外文标牌出现在城市商业景观内是全球化现象。从全球化品牌认知角度来看，全世界用同一种文字标注一个知名品牌，有助于品牌在全球的营销和推广。同时，用同一种语言文字设计标牌，也有助于在全球推广中防止或杜绝以假冒仿制标牌来兜售假货的商业不法行为，因此外文标牌有其积极的一面。例如，"adidas、BeLLE、I.T、NIKE"，这些标牌很难翻译成中文，尤其像"I.T"没办法翻译成中文，这些外文标牌有助于这些商品在全球范围的推广，有助于提高这些商品的知名度。

2. 外文标牌对中文影响的有限性

在调查中发现，尽管外文字母标牌占据着商业景观的显著店名位置，但其对中文的影响毕竟很有限。第一，这些外文标牌从语言特点来看，只是专名，没有形成由文字带来的特殊语义。即使其中许多标牌有初创者所赋予的含义或语词本身的意义，但对消费者而言，品牌词语意义已不起作用，只记住由标牌字面带来的视觉符号和翻译来的读音罢了，其翻译的意义在商业景观中消失殆尽。因此符号意义中的商业信息义大于语词信息义，不会对中文自身的语言系统构成大的影响。例如，"ONLY"，人们只会记住它是一个商标品牌，而不会记住它本身"唯一"的意思；再比如，"奔驰（Benz）"，人们提到"奔驰"只会想到是汽车的品牌，不会想到是"奔驰"本身"快速飞驰"的意思。

第二，这些外文标牌只是视觉符号，是视觉上的冲击，未形成字母

词，也未从语音上造成冲击，对语言中的词汇构成冲击有限。例如，"Aape、AFÙ、AX"都只是视觉符号，形成的只是视觉上的冲击，而没有形成字母词，也没有对语音和词汇造成影响。

3. 外文标牌对汉字的冲击

在城市商业景观中，虽然外文标牌消除了全球化的语言隔阂，但更直接的作用是对以拉丁字母为文字的英语和其他印欧语系语言的推广。尽管视觉符号不直接代表语言符号，在读音上也无法直接拼读出来，例如，"IGER、iiJin、JNBY"等，这些外文标牌都没有办法直接拼读出来，也不直接代表语言符号，但在视觉符号长期的刺激下，会引起激励效应，潜移默化到人们的言语行为中，导致在语言标牌上自觉接受外文字母名称，进而自觉以外文代替汉字，渐渐取代汉字。久而久之，人们一看到这些商标，就知道它们所代表的品牌意义。外文标牌对汉字的冲击还体现在服务咨询台上，例如，在我们调查的一些购物中心中，比如长楹天街，它的服务咨询台的标牌就是英文的"information"，直接取代了汉字。

此外，从我们统计的照片可以看出，很多的汉字标牌没有反映出商品特色。例如，"印象小馆"，我们根据它的标牌，看不出北京的特色。与此相反的是，有很多餐饮业选择了特色的标牌，给人一种视觉上的冲击。比如"俏江南"，在标牌的汉字旁边加上了京剧的脸谱，不仅反映出中国特色，而且给人们在视觉上造成了强烈的冲击。

总的来说，应该设计出符合中国广大消费者审美、有中国文化元素又有国际时尚特点的语言标牌。

（二）对商业景观中语言标牌统一规范的建议

1. 商业景观中全球化品牌的语言标牌应双语化

用双语标注语言标牌是许多国家通行的做法，在我国，这关乎《中华人民共和国国家通用语言文字法》的执行。针对商业景观中不同的商业定位，对国际知名品牌可采取国际转接的模式，用原品牌外文标牌加中文译名的方式用双语标注，并在双语的形式上采用字体大小一致、位置对称的方式。例如"coach"，根据我们的建议，标牌就应该是"coach 蔻驰"；再如，"Versas"，根据我们的建议，标牌应该是"Versace 范思哲"。

2. 中国品牌以商家意愿选取中文或双语

中国品牌有许多已经自创出有一定知名度的外文标牌名称，例如"Geely（吉利）、Chery（奇瑞）"等，但有些依然使用中文汉字标牌，例如"同仁堂、稻香村"等。针对这种情况，考虑到商家利益，可采用自愿方式选择双语或中文单语标牌，但双语标牌的中外文必须对等。

3. 以中国消费群体为主的商业景观建议用中文汉字标牌

店名标牌除了标注商标外，还承载着吸引消费的功能，在以中国消费群体为主的景观内应提倡用中文汉字标牌。实际上，根据调查数据，餐饮业店名 80％都用汉字名称，说明商家已自觉有所选择。例如"俏江南、鼎鼎香、无敌家、芝士分子"等，使用的都是汉字。

4. 语言标牌译名应该规范

外文标牌加注汉语译名，势必引起译名规范问题。实际上，知名跨国公司很注意品牌译名规范问题，在翻译时考虑到谐音与字义的关系，尽量选取表示美好积极意义的汉字来翻译品牌名。例如，"Lock & Lock"翻译为"乐扣乐扣"，"UNIQLO"翻译为"优衣库"，"CHANEL"翻译为"香奈儿"，这些品牌名都在翻译成汉字时选取了代表美好意义的汉字。不过，根据调查，也有许多不规范现象，建议尽快改正。

虽然外文字母标牌充斥在新兴商业景观中，但并未形成字母词泛滥的问题，因为这只是视觉上的冲击，还未在语言中形成有读音形式的字母词。在日常生活中，越是国际知名品牌越会用规范的中译名称，如"范思哲（Versace）、古奇（Gucci）、蔻驰（Coach）"等。

综上所述，所有的外文字母标牌都应有准确规范的中文译名，并且在主体显著位置标注同样大小的中外文。我们在调查中也发现，有些日本品牌和韩国品牌的店名很注意对日文和韩文的保护和传播，往往在中文店名后或下方附有日文或韩文原店名名称。这值得我们在制定中国语言规划政策时借鉴。这样既符合商业品牌的国际化需求，又有利于中文的使用和传承，还有利于汉字文化向海外的传播。

这里只是一个针对外文标牌的静态调查，以后还可以进一步调查城市语言商业景观的动态发展，并针对人群语言进行研究。通过以上的调查和分析，我们对北京的城市语言商业景观有了全面的了解和认识，这些语言商业景观不仅反映了外文标牌过多给语言规划带来挑战的问题，同时也反映了积极的一面。由于城市商业景观的设计理念越来越国际化，新的景观越来越给人以舒适、温馨、优雅的感觉，体现了城市发展中环境和谐带来人文和谐的理念，启发了语言标牌美观可以刺激消费等新的商业语言研究思路。因此，有必要对城市语言商业景观的情况做进一步的了解和研究。

参考文献

曹志耘，2015．中国语言资源保护工程的定位、目标与任务[J]．语言文字应用（4）．

陈松岑，1985．社会语言学导论[M]．北京：北京大学出版社．

陈章太，2002．中国社会语言学在发展中的问题[J]．世界汉语教学（2）．

戴庆厦，2006．田野调查在语言研究中的重要地位[J]．广西民族学院学报（2）．

戴庆厦，2014．跨境语言研究的历史和现状[J]．语言文字应用（2）．

戴庆厦，2019．田野调查与语言研究——兼谈语言田野调查的理据与注意事项[J]．中国语言战略（1）．

戴庆厦，2020．语言国情调查的再认识[J]．语言文字应用（2）．

傅懋勣，1983a．民族语言调查研究讲话[J]．民族语文（4）．

傅懋勣，1983b．民族语言调查研究讲话（二）[J]．民族语文（5）．

傅懋勣，1983c．民族语言调查研究讲话（三）[J]．民族语文（6）．

谷新矿，2018．普及通用语言助力脱贫攻坚——写在《普通话 1000句》出版之际[J]．语文建设（10）．

郭熙，1999．中国社会语言学[M]．南京：南京大学出版社．

郭熙，2010．新加坡中学生华语词语使用情况调查[J]．华文教学与研究（4）．

胡明扬，1987．北京话初探[M]．北京：商务印书馆．

黄成龙，2016．当代中国少数民族语言资源调查[J]．黔南民族师范学院学报（5）.

黄培森，倪黎，2007．全球化背景下的城市商业步行街景观设计探讨[J]．安徽农业科学（6）.

黄行，2018．我国与周边国家跨境民族的文字系统差异[J]．中国语言学报（18）.

黄行，2019．中国民族语文事业七十年[J]．语言战略研究（4）.

李春风，2016．我国跨境语言研究三十年[J]．当代语言学（2）.

李志忠，游千金，2017a．南北疆维吾尔族国家通用语言使用情况对比研究[J]．语言文字应用（4）.

李志忠，游千金，2017b．巴里坤哈萨克族国家通用语言抽样调查研究[J]．民族教育研究（4）.

刘楚群，2019．劳动者收入与国家通用语言认知的相关性调查研究[J]．语言文字应用（4）.

马学良，戴庆厦，1983．语言和民族[J]．民族研究（1）.

尚国文，赵守辉，2014．语言景观的分析维度与理论构建[J]．外国语（6）.

尚国文，赵守辉，2014．语言景观研究的视角、理论与方法[J]．外语教学与研究（2）.

田飞洋，张维佳，2014．全球化社会语言学：语言景观研究的新理论[J]．语言文字应用（2）.

王远新，2019．语言生活调查的主要内容和方法[J]．民族教育研究（2）.

王洋，2020．新疆基础教育阶段国家通用语言文字课程实施现状调查分析[J]．新疆社科论坛（1）.

吴锋，2014．论城市商业综合体的美学应用[J]．环球人文地理（2）.

谢留文，2019．汉语方言研究 70 年[M]//刘丹青．新中国语言文字研究 70 年．北京：中国社会科学出版社.

邢向东，2017．汉语方言文化调查：理念及方法[J]．语言战略研究

（4）．

　　邢欣，2003．都市语言研究新视角［M］．北京：北京广播学院出版社．

　　徐大明，谢天蔚，陶红印，1997．当代社会语言学［M］．北京：中国社会科学出版社．

　　徐茗，卢松，2015．城市语言景观研究进展及展望［J］．人文地理（1）．

　　杨国科，张颖，2018．实施东干语言生态调查　推进"一带一路"语言互通［N］．中国社会科学报，2018-08-14（3）．

　　叶郁，2015．城市商业综合体的体验式景观设计研究与实践——以天津泰达滨海天街商业景观为例［J］．建筑与文化（3）．

　　乐韵，金桂桃，2018．"一带一路"沿线东南亚国家语言禁忌调查研究［J］．文学教育（下）（6）．

　　张洁，2019．语言文字工作七十年［J］．中国语文（3）．

　　周庆生，2014．中国跨境少数民族语言类型［J］．文化学刊（3）．

　　周明朗，2014．跨境语言关系动力学［J］．双语教育研究（1）．

　　祝畹瑾，1992．社会语言学概论［M］．长沙：湖南教育出版社．

　　Rodrigue Landry & Richard Y. Bourhis, 1997. Linguistic Landscape and Ethnolinguistic Vitality: An Empirical Study[J]. Journal of Language and Social Psychology, 16 (1).

第三章
语言服务新需求

第一节　新时代语言服务的新理念和新功能

"一带一路"倡议的实施离不开语言服务，语言研究思路的转变也与"一带一路"建设中"五通"急需的语言服务密切相关，特别是语言应用研究更应该密切配合"一带一路"的深入发展，建立起为"一带一路"服务的体系。正因为"一带一路"产生了新的语言需求，语言服务也需要围绕"一带一路"进行理念创新，探究新时代语言服务的新功能。

从 2015 年开始，我们的研究团队进入了"一带一路"语言研究的新天地，徜徉在"一带一路"语言调查、探究、资料收集、数据统计的大海里，从最初的"丝绸之路经济带"核心区语言调查到中亚语言状况调查研究，多次深入新疆各地和中亚各国走访，从最初的研究困惑中逐步抽丝剥茧，最终认识到语言研究离不开国情需要和社会的需求。没有需求，语言研究的视野终将有所局限。从习近平主席在 2013 年提出"一带一路"倡议至今，"一带一路"建设已经走过近 10 年的历程，并进入精耕细作的深入发展阶段，由初期的 65 个"一带一路"沿线国家参与发展到目前的 100 多个国家和国际组织参与进来，取得了巨大的成绩。在"一带一路"建设的发展中，不断有新的语言需求出现，也促使语言研究进入语言服务研究的新阶段。

一、语言服务的理念

语言作为人类的交际工具，其最主要的服务理念就是沟通人们的思想，满足相互间的交流需求。王伟光（2017）指出，时代是思想之母，实践是理论之源。任何科学理论都不是凭空产生的，都是历史经验的总结、社会实践的产物、时代精神的精华。经过长期努力，中国特色社会主义进入了新时代，这是我国发展新的历史方位。新时代新方位，新征程新要求，呈现出许多新特征，提出许多新问题，迫切需要理论上的回答。语言服务研究面临的这些新问题也需要正视和解答。李现乐（2018）

指出，当前我国社会经济发展进入新时代，语言服务研究也应紧跟时代步伐，紧密关注社会语言生活中的新问题、新现象，从而更好地为社会经济发展服务。

　　由此看来，语言服务几乎包含了所有需要语言交流的场合，几乎涵盖了所有人类需要语言表达的互动行为。所以，语言服务涉及人类生活的方方面面。在语言服务研究中，对"语言服务"概念的解释更多地体现在语言本身的服务范围上，大致分为狭义的和广义的两大类：狭义的语言服务以语言翻译和第二语言教学为主，广义的涵盖所有用语言服务的场合和范围。屈哨兵（2007）提出，语言服务是指国家或者其他团体与个人以语言文字作为资源手段为社会团体各种单元及个体提供帮助与支持的各种活动。他认为，针对不同活力程度的语言，需要有不同形式的语言服务。李宇明（2016）从广义上定义语言服务为"语言服务就是利用语言（包括文字）、语言知识、语言技术及语言的所有衍生品来满足语言生活的各种需要"。赵世举（2012）认为，语言服务就是行为主体以语言文字为内容或手段为他人或社会提供帮助的行为和活动。郭龙生（2012）指出，语言服务就是主体因为语言、为了语言或通过语言而为客体工作。从这些论述中可以看出，语言服务的理念来源于语言的外部功能属性，说到底，就是语言是人类的交际工具。张文　等（2016）在综述语言服务时谈到，国外对语言服务的研究已经渗透到各个不同行业和领域。为了满足市场的需求，语言服务不再局限于语言水平方面，还结合了各个行业、各个领域、各个企业乃至个人的特色，甚至涉及定制化的专门语言服务，发展前景广阔；但是到目前为止，仍然还没有形成一套系统的理论体系和研究框架。由此看来，语言服务的理念还有待于进一步深入探讨。不过，语言服务的本质在于用语言为社会提供服务，而语言又是人类互动行为中最重要的交流工具，从社会需求角度探讨语言服务则更有价值。也就是说，社会对语言有什么需求，语言就应该提供相应的服务。从社会需求来看，全球化的经济贸易和地区性的区域合作需要提供国际通用或地区通用的语言来进行不同国家、地区间的交流，对第二语言的需求就会增加，第二语言的学习和掌握就成为紧迫的语言服务要求。邢欣、张全生（2016）认识到语言为国家发展需求服务的紧迫性并指出，习近平主席在中亚国家访问的多次讲话中强调"一带一路"建设要同各国发展战略对接，构建互利共赢的利益共同体，在国家"一带一路"倡议下，许多民企和华商也走出国门，中国企业"走出去"也会有更大的增长；针对境外企业的语言需求会成倍增长，语言服务的需求面临着巨大的机遇，语言服务的理念也呼之欲出。

二、语言服务的新功能

语言服务几乎涵盖了人类的所有交际行为，语言服务的功能也与人类的交际行为有关。屈哨兵（2007）将语言服务的属性概括为服务性、规约性、主导性三种，并把语言服务的基本类型分为四类，即要素类型、领域类型、成品类型和职业类型。此后，屈哨兵（2012）又提出了语言服务的概念系统，包括五个部分，即资源系统、业态系统、领域系统、层次系统和效能系统。这几个系统中都包含了语言服务的新功能，不过，文中对新的语言服务功能没有做出详细的界定。

根据我们的观察，语言服务是人类交际和互动行为的宏观要求，语言服务的新功能主要体现在以下几个方面。

（一）沟通功能

语言行为同时也是社会行为。人在说话时总是在用言语去做事情，说话人有意无意间在制造某种社会关系，或维持某种已确定的社会关系，比如问候、致谢、询问、禁止等。说话时所选择的语码就是一种维持或改变人与人之间关系的社会行为，这些都是重要的语言服务中的沟通功能。语言服务最重要的是沟通功能，沟通包含多个方面，最主要的是交际中的信息发布、信息交换、信息传播与信息反馈，这也是互动模式下的沟通。在交际中，反馈很重要，直接影响交际的进行，比如应答词语"嗯、哦、唉、是、好、行"等都是沟通中的反馈。

从沟通类型来看，有以下几种。一是独立和非独立类型：语言属于独立类型；副语言属于非独立类型，包括姿势、距离、表情、服饰等。二是静态和动态类型：文字属于静态；说话、手势等属于动态。三是感官类型：有声语言属于听觉类；文字、图画属于视觉类；握手等属于触觉类；等等。这些沟通选择有规可循，形成不同民俗和文化。在沟通中，语言服务包括母语沟通和目的语沟通。从"一带一路"需求来看，最重要的是第二语言目的语沟通的需求。

（二）教育功能

　　语言服务中的教育功能包括通过母语对各类知识的学习，特别是书面语知识的学习，以及第二语言教学。在语言教育研究中重视的往往是作为第二语言的教育问题，关注点多在教育技巧和教学过程中的具体语言教学问题的研讨上。从语言服务角度关注语言教育功能的研究还不深入。从教育角度来看，语言服务的教育功能可以分为三个层面。一是关于服务于母语教育的知识体系构建问题。比如前些年中小学教育，特别是语文教育中出现了一些问题，包括只看重现代文本、对中国古代传统文化文本关注不够的问题；选材内容中对国家意识、公民意识、国家认同、法治观念、宪法精神等关注不够的问题，因此带来了基础教育领域的改革。二是在关于国家通用语言地位的教育上还多少有一些模糊认识，过于强调地方语言的特殊性，甚至出现了方言教材回潮的情况。显然这是由于对语言服务国家和社会的认识不够造成的。这些现象说明语言服务中对教育功能的认识还有所欠缺，需要进一步强化语言服务于国家和社会需求的意识。三是第二语言教育中缺乏系统的教育理念。比如在国际中文教育领域中教材编写、教学大纲制定、考试标准确立上虽然已有多年的成果，但从教育体系性角度来提升中文教学水平的研究还比较少。比如怎样在教材中体现中国形象，怎样传播中国文化，怎样从教育学角度科学规划教材等问题都还缺少系统研究。从"一带一路"需求来看，更多的是对加强第二语言教学研究的需求，包括中文教育系统性研究和世界各主要语种及"一带一路"沿线国家小语种的教学研究。

（三）调节功能

　　交际信息包含三个方面：一是对意义进行交流的认知信息；二是交流双方的特征信息，比如心理、社会地位、个性、爱好、情感、语速等；三是交流中的调节信息，主要用于交际的开始、延续和结束，包括空间位置、身份改变、角色转化等。语言服务的调节功能涵盖了交际信息的这三个方面。从大的方面来看，调节功能包括国家和社会所需要的各种语言调节活动，比如旅游、经济活动、文化交流、法律等都离不开语言调节；从小的方面来看，社区、法庭、公共场所、村庄邻里、家庭等都需要语言服务的调节功能。比如北京电视台的法治调解栏目《第三调解室》就是体现语言服务中调节功能的范例。从"一带一路"需求来看，主要是商务活动和法律援助中所需要的语言调节。

（四）叙事功能

语言服务的叙事功能主要指用语言来讲故事，以及用语言叙述和讲解国家和社会发生的大事或与民生息息相关的生活中的事件，通过讲解和叙述，让社会和民众知晓事件或故事的情况及其进展。这种叙事功能也包括语言的告知行为。比如政府及各部门的新闻发布会就是语言服务叙事功能的很好体现。在"一带一路"推进过程中，需要用语言讲好故事，包括丝绸之路上的历史故事，文化传播中的中国故事，"一带一路"沿线国家的文化故事，以及"一带一路"建设中的感人故事等。

（五）传播功能

语言服务的传播功能不言而喻就是指媒体中的语言服务。从传播的角度来看，语言服务包括传统媒体——比如各大报刊，新媒体——比如互联网、手机微信公众号，自媒体——比如微信群、朋友圈、微博，等等。通过传播，将国家、政府、群体及个体的各种信息扩散开来。这种传播既有正能量的传播，也有负能量的传播。语言服务需要对正能量进行广泛传播，对危害国家和社会安全的信息需要在传播策略上有制止或批评的预防措施。在"一带一路"传播上主要包括新闻媒体对"一带一路"倡议实施中的政策报道、国家动态报道以及与"一带一路"相关的各种新闻报道等等。

三、"一带一路"建设中急需的语言服务

"一带一路"建设急需语言服务的跟进，最主要的就是短平快的各类语言人才培训。总的来说，急需的语言服务包括以下几个方面。一是"一带一路"紧缺专业的语言培训服务，包括商务语言培训、经贸语言培训、基础建设工程语言培训、政务法律法规语言培训、旅游文化语言培训等。二是"一带一路"建设急需的中文教学服务，其对象包括"五通"中的专业高层次中文人才和普及型中文人才两个方面。高层次中文人才以"五通"急需人才为主，主要依托国内相关高校开展学历教育，普及型中文人

才培训侧重以就业为导向和自主创业经商为导向的简单中文口语教学，主要依托沿线国家当地学校和孔子学院，同时与国内短期培训相结合。三是促进民心相通的语言服务，民心相通一方面需要讲好故事，包括中国故事、古丝绸之路上中外人民友好往来的故事以及"一带一路"建设中的感人故事；另一方面，还要加大中国与"一带一路"沿线国家之间的文化交流以及优秀影视、文学作品的互译。四是"一带一路"沿线国家安全战略所需的语言服务。

四、服务社会的汉语研究举隅①

语言作为交际工具的功能就是服务社会，语言服务的范围几乎涵盖社会各个方面。中华人民共和国成立以来，语言研究一直没有脱离过国家的建设，一直在做为社会服务的研究。在汉语研究为社会服务方面，《新华字典》《现代汉语词典》《语法修辞讲话》和《现代汉语八百词》堪称典范。这几部经典担当了普及普通话和扫盲的重任，也成为中小学语文教学和对外汉语教学的良师益友。从学界的回忆和介绍里可以探寻出这几部经典都是应国家社会和人民之急需，为提高人民的语言文字应用能力及时出版的。此外还有许多基础研究也涉及了知识普及和为社会服务的内容，如语法研究中的三个平面理论。

（一）语言学家的社会责任感——《语法修辞讲话》

据张伯江（2011）介绍，为适应新中国成立初期普及汉语语法知识、指导公文写作规范的需求，吕叔湘先生和朱德熙先生怀着语言学家的社会责任感编写了《语法修辞讲话》这部经典普及型书籍。新中国成立初期，毛泽东主席亲自倡议要纠正公文文书中的语言文字缺点，希望语言研究机构和人员写一部讲语法规范的书，吕叔湘先生和朱德熙先生把这件事承担下来。他们明白《语法修辞讲话》对刚成立的中华人民共和国的文化建设有重要作用。语言学家强烈的社会责任感驱使着他们，后来的事实也证明了这本书的深远影响。

---

① 这部分是在邢欣、李影、张磊、魏巧莉的论文《教学语法的里程碑——〈现代汉语八百词〉》（《国际汉语教学研究》2016 年第 3 期）和邢欣、李影、高丽、孙宝密的论文《〈现代汉语八百词〉实词编写特点考察》（《海外华文教育》2017 年第 2 期）基础上修改完成的。

《语法修辞讲话》以连载形式于 1951 年发表于《人民日报》，由于语言通俗晓畅，简明扼要，并注重分析生活实践中的语言现象，深受读者欢迎，一时之间"洛阳纸贵"，连载结束之后，应广大读者要求又编辑成册出版发行。《语法修辞讲话》既体现了语言学家对全民教育的关注以及对语文知识的普及和推广，又完成了对中文语法、修辞、逻辑相结合的理论体系的构建，还促进了中文的规范化使用。因此一经发表和出版，就在社会上引发了全社会学习语言知识的兴趣，产生了极大的影响。由此，为社会服务的语言研究经久不衰。

（二）最受欢迎的工具书

1.《新华字典》

2016 年 4 月 12 日，吉尼斯世界纪录公司在伦敦宣布，《新华字典》获得"最受欢迎的字典"和"最畅销的书"两项吉尼斯世界纪录。《新华字典》是新中国第一部现代汉语字典，是全球各地汉语学习者的必备工具书。截至两项纪录统计的计算时间 2015 年 7 月 28 日，《新华字典》全球发行量达 5.67 亿本。[①]

《新华字典》从 1953 年出版以来，历经几代上百名专家学者 10 余次大规模的修订，重印 200 多次，成为迄今世界出版史上发行量最高的字典，也是迄今最有影响、最权威的一部小型中文字典，堪称小型中文语文辞书的典范。[②] 从某种意义上说，《新华字典》是新中国出版的"新"字典，应"新形势"急需，为"新社会"读者所用，肩负规范现代中文的职责，担当扫除文盲的任务。《新华字典》服务于人民群众学习文化的渴求和基础教育中语文知识的普及。这种贴近民众需求的编写方式成就了这本小字典可贵的人民性和旺盛的生命力，使其深受读者喜爱。

2.《现代汉语词典》

《现代汉语词典》由中国社会科学院语言研究所编纂，著名语言学家吕叔湘、丁声树曾先后主持工作，由商务印书馆出版。该词典 1956 年由国家立项，1958 年 6 月正式开编，1960 年印出"试印本"征求意见，

---

① 参见周兆军《〈新华字典〉获两项吉尼斯世界纪录》，中新社报道，http://www.chinanews.com/cul/2016/04-13/7832050.shtml。
② 参见《新华字典》第 11 版修订说明，中国社会科学院语言研究所词典编辑室编，商务印书馆 2011 年版。

1965 年印出"试用本"送审稿，1973 年内部发行，1978 年正式发行第 1 版。2016 年，经过第 6 次修订工作，《现代汉语词典》第 7 版出版。《现代汉语词典》是我国第一部规范性的语文词典。这部词典以规范性、科学性和实用性为主要特点，在社会主义文化建设中发挥了重要作用，深受广大读者欢迎，在海内外享有很高声誉，先后荣获国家图书奖、中国社会科学院优秀科研成果奖和国家辞书奖。《现代汉语词典》总结了 20 世纪以来中国白话文运动的成果，第一次以词典的形式结束了中文长期以来书面语和口语分离的局面，第一次对现代中文进行了全面规范。正因为它服务于国家重大语言政策暨普通话的普及与推广，才成为发行量大、应用面广的权威辞书。

（三）教学语法的里程碑——《现代汉语八百词》

《现代汉语八百词》（以下简称《八百词》）是中国第一部语法词典，它的出版是中国汉语教学语法学界的里程碑。这部以词的形式讲解汉语语法的著作是由中国社会科学院语言研究所吕叔湘先生主编的。今天，当我们讨论汉语语法教学和对外汉语教学语法的时候，不得不追本溯源，对《八百词》的历史意义做一回顾。实际上，说《八百词》是一部适用于第二语言学习和教学的真正意义上的汉语教学语法教材也不为过。吕叔湘先生在 1980 年的初版前言中明确指出，编写《八百词》的原因之一就是"在以汉语作为第二语言的教学工作中对这样一本工具书有相当迫切的需要"；而其增订本的说明又再次强调了《八百词》的编写初衷，即"供非汉族人学习汉语时使用"以及供"一般语文工作者和方言地区的人学习普通话"时参考（吕叔湘，1999）。从《八百词》的编写背景可以看出其为社会和教育服务的精神。

1. 为语法教学而编

根据前言的说明，《八百词》初稿油印于 1978 年，1980 年正式出版，1999 年出版增订本。据《八百词》编者之一、中央民族大学教授马树钧先生回忆，由于现代汉语语法教学和汉语作为第二语言语法教学的需要，吕叔湘先生召集中国社会科学院语言研究所学者、北京高校中文系教师、少数民族汉语教师和留学生汉语教师，召开了系列座谈会，征求大家对汉语语法教材的修改意见以及对汉语语法教学的想法，许多教师提出了有益的建议。当时马树钧先生结合针对少数民族学生（主要是新疆籍学生）的汉语语法教学实践，对比维吾尔语语法特点，认为与形态发达语言的语法体系相比，汉语的确缺少有规则的、可以形式化的语法体系，因此在教学中如果拘泥于汉语的结构分析、词类划分等，将难以取得良好的教学效果。他认为汉语的语法体现在词汇，特别是虚词上，因此提出了编写以词的用法为主的汉语语法教材的设想。当吕叔湘先生看到座谈会会议记录后，亲自找他谈话并赞同他的这一设想，同时结合其他专家的建议，提出了编写《现代汉语八百词》一书作为汉语教学语法教材的构想，马树钧先生也参与了编写工作。这就是《八百词》诞生的过程。①

　　从这一过程我们可以看到，实际上汉语教学语法的产生早于对外汉语中"教学语法"概念的提出。《八百词》的开创意义就在于它是一部教学语法的开山之作。以后的对外汉语教学语法多多少少都有《八百词》的影子在其中。没有《八百词》，就没有后来适用于第二语言教学的汉语教学语法体系。对外汉语学界到今天还在讨论教学语法和语法教学的问题，而且至今有影响力的语法教材尚不多见，这与对外汉语语法教学对《八百词》重视不够直接相关。今天，在讨论教学语法和语法教学的问题时，我们应反思对汉语语法学界前期成果在吸收上的不足，应该更好地回顾、总结已有成果，在此基础上才能够编写出更好的教材。

　　2. 为语法学习者而编

　　在编写上，《八百词》既不同于一般的现代汉语语法教材②，又不同于《现代汉语词典》。现代汉语语法教材在介绍词类时通常采用的是先分类，然后根据不同的词类分别说明其特点并举例的方式。这种自上而下的介绍方式，重点不在对具体词的分析，很难应用到对外汉语教学中。而《现代汉语词典》更偏重对词义的讲解，虽然其中也有一些例句，但是并不说明这些例句是怎么构成的。也就是说，给了读者例句，却没有告诉学习者怎样才能说出如例句一般符合汉语要求的句子。这对将汉语作为第二

---

① 本文主笔邢欣于 2003 年到马树钧先生家拜访时，马先生谈到了这段《八百词》的编写过程。
② 此处参考的现代汉语语法教材主要包括：胡裕树主编《现代汉语（重订本）》（上海教育出版社，1995），黄伯荣、廖序东主编《现代汉语（增订三版）》（高等教育出版社，2002），北京大学中文系现代汉语教研室编《现代汉语（重排本）》（商务印书馆，2006），邵敬敏主编《现代汉语通论（第二版）》（上海教育出版社，2007）。

语言学习的学习者来说，在操作上也有困难。而《八百词》虽然是从词的语义出发，但考虑的重点却是每个词的用法。可以说，《八百词》"是一本不拘形式而在实用上下功夫的词典"（王还，1981）。

（四）汉语语法研究的理论和实践——三个平面语法理论

在汉语语法研究中，三个平面语法理论的提出始于胡裕树、范晓的论文《试论语法研究的三个平面》（1985）。从三个平面角度析句，句子分为语用的、语义的和语法的。语用成分指句子话题链里的构成部分，也指句子分析的成分；语义成分指语符链里语符间的意义联系；句法成分指语符链里语符在句中的功能。从三个平面理论提出至今，汉语语法研究越来越注重句法、语义、语用三者之间的联系，注重语言在运用中的实际功能，因此可以说，三个平面理论开启了语法研究的新视角。

关于语法分析为三个平面的探讨最早在胡裕树先生主编的《现代汉语（增订本）》（1981）里已有所论及，在胡附、文炼的《句子分析漫谈》（1982）一文中则已提出一些初步设想。到了胡裕树、范晓《试论语法研究的三个平面》（1985）一文，这一设想则进一步深化，形成了有关三个平面的系统的理论和方法。因此，这篇文章代表了语法研究的一个新起点，无论在理论上还是方法上都有所突破。三个平面理论在理论上和方法上的探讨有以下几个方面。

1. 指出了区分三个平面的必要性和可行性

该理论指出，句子形式、意义和表达三者之间存在着错综复杂的关系。有些句子，如"张三批评了李四"与"李四批评了张三"两句，句法结构相同，而语义相差甚远；有些句子，如"张三批评了李四"与"李四被张三批评了"，语义差不多，而句法结构却完全不同；还有些句子，如"你的书找到了没有？"和"找到了没有，你的书？"句法和语义基本一致，而表达重心有所不同。这些现象说明在语句中的确存在着三个平面。只有在句法分析、语义分析的同时，同步地进行语用分析，才算是最后达到了语法分析的目的。

2. 提供了三个平面分析的理论原则和分析步骤

三个平面理论的主导思想如下。在句法分析方面，要把成分分析和层次分析结合起来，以成分确定句法关系，用层次统摄句子分析。在语义分析方面，指出语义分析就是深层分析。语义的关系根据词语搭配对象的不同，可以多种多样，但离不开从形式出发去发现意义。具体包括三个方面：一是从语言材料的类别（词类及其范畴）上加以说明；二是从句法关系（如施事、受事等）上加以说明；三是从词语的选择（如动词的向）上加以说明。语用平面是以往的薄弱环节，所以三个平面理论更注重语用分析。语用成分主要包括话题（主题）和评论，话题表示和强调旧信息，评论是对话题的说明，传递新信息；其次还有表达重点、焦点、行为类型、口气、增添和变化等，构成各种不同的句类和句式来适应交际的需要。

3. 总结出一些对三个平面既严格又兼顾结合的具体方法

三个平面理论的目的在于界限分明地分开三个平面，以便于掌握析句的标准。语法三个平面各有自己的成分，尽管在句子中这些成分常常重合，但毕竟不能混为一谈。以往的分析，常常将主语与施事、宾语与受事对等起来，但是一遇到"台上坐着主席团""小楷笔不能写大字"之类的句子就行不通了。还有人将话题与主语对应起来，以为话题都是主语，然而用此法解释"暑假里（话题主语）我病了二十多天"一类的句子就难免牵强。可见，三个平面的成分是不好混淆的。三个平面虽然施事、话题、主语常常所指相通，但并不完全对应。主语除了施事以外，可以是受事、客体、工具等。而话题与主语也有区别。话题常在句首，可以用介词结构充当；主语不一定在句首，更不能用介词结构。为了严格区分话题与主语，作者打破了传统语法分为六大成分的局限，增加了提示语这一新的句子成分，这对语法的分析是有很大好处的。此外，三个平面理论还阐述了虚词、语序以及省略与三个平面的联系，分清了这些语法手段的性质。

三个平面虽然有着明显的区别，但在语法研究中还要兼顾到三者的结合，才能使形式和意义相统一，静态与动态相联系，描写性与实用性相结合，才能完善语法体系。三个平面互相影响，互相制约。离开了句法，语义和语用就失去了形式；离开了语义和语用，句法就失去了所表达的内容。因此，句法对语义有所限制，语义又对句法提供了选择。同样，语用成分只能附丽于句法结构，而句法有时又按照语用需要改变常规。语义与语用之间也是互相约束、互相依附的。

4. 坚持从形式到意义的分析方法

以句法平面作为析句基础，从形式出发寻找意义是三个平面理论的核心。"凭形式而建立范畴，集范畴而构成体系"是句法平面进行语法分析的基本特点，在三个平面分析中，句法是基础的指导思想。坚持从形式到意义的方法是符合析句过程的正确方法。意义必须通过形式来反映，只有从形式分析入手，才能深入到意义和表达。但是，这不等于不要意义。三个平面理论认为，只有抽象的句法关系而无语义、语用的句法结构，不可能成句；只进行句法结构分析而不进行语义和语用分析，也不是缜密的句子分析。

综上所述，三个平面各自成分虽然不同，但通过语法形式反映到句法上时，都可以在句法平面上予以解决。相对应的成分仍沿用六大成分之说，相对立的成分同样可以通过增加术语来分析。这样，三个平面虽不相同，但又可统一到句法上来成为一个整体。

在结构主义语法占据语法研究主流的 20 世纪 80 年代，三个平面语法理论的提出无疑开启了汉语语法研究的新方向，这为后期的功能语法、生成语法、认知语法等新的语法体系在汉语中的广泛应用奠定了基础。从三个平面理论提出至今，汉语语法研究越来越注重句法、语义、语用三者之间的联系。虽然从今天的眼光来看，三个平面理论后续的研究未能继续下去，因此显得不那么完善，但仍未落后于时代，仍然具有前瞻性。从这点来说，三个平面理论也是放眼世界、立足中国的产物，是中国语法研究理论中的亮丽风景线。同时，三个平面理论的影响也已经辐射到了语言服务研究的领域，特别是社会语言学领域，为当今的语言景观调查提供了理论指导，开创了以三个平面分类的新的研究范式。

第二节 "一带一路"倡议下的
语言需求与语言服务[①]

"一带一路"倡议是中国政府提出的以经济发展带动世界各国繁荣和谐的新愿景和行动纲领，也是治国新理念。"一带一路"倡议提出之后，政治学界、经济学界率先开始对"一带一路"进行研究和智库建设。近两年来，各个领域纷纷参与"一带一路"倡议研究，开展围绕"一带一路"需求的各种调查，提出服务"一带一路"的许多措施和实施方案。"'一带一路'需要语言铺路"（李宇明，2015），在"一带一路"建设中，语言的作用不可忽视，语言怎样为"一带一路"服务就成为语言学研究的当务之急。

一、"一带一路"建设中理论研究与社会服务的关系

"一带一路"的精髓是为促进世界经济繁荣和世界和平发展服务，正如《愿景与行动》所言："进入 21 世纪，在以和平、发展、合作、共赢为主题的新时代，面对复苏乏力的全球经济形势，纷繁复杂的国际和地区局面，传承和弘扬丝绸之路精神更显重要和珍贵。2013 年 9 月和 10 月，中国国家主席习近平在出访中亚和东南亚国家期间，先后提出共建'丝绸之路经济带'和'21 世纪海上丝绸之路'（以下简称'一带一路'）的重大倡议，得到国际社会高度关注。中国国务院总理李克强参加 2013 年中国—东盟博览会时强调，铺就面向东盟的海上丝绸之路，打造带动腹地发展的战略支点。加快'一带一路'建设，有利于促进沿线各国经济繁荣与区域经济合作，加强不同文明交流互鉴，促进世界和平发展，是一项造福

---

① 本节在邢欣、张全生的论文《"一带一路"倡议下的语言需求与语言服务》（《中国语文》2016年第 6 期）基础上修改完成。

世界各国人民的伟大事业。"①

实际上，在马克思主义思想体系里也强调理论要为社会服务的观念。周易 等（2016）指出，随着马克思公仆思想在我国的传播和深入发展，中国共产党对马克思公仆思想进行中国化和深入化，国家形成了执政为民一脉相承的人民公仆的思想理论体系。

从这个意义上讲，语言学研究最终必须回到满足社会大众语言需求的语言服务上来。语言学的理论研究最终也是要回归社会，得到社会检验，以及指导社会语言的各个层面，并为社会服务。"一带一路"倡议的落实需要我们扎扎实实地做好语言调查研究，深入沿线国家开展实地考察，提出语言为国家"一带一路"建设服务的建议，做好理论构建。

二、"一带一路"理论构建中的为世界服务的意识

习近平主席在中亚国家访问的多次讲话中强调"一带一路"建设要同各国发展战略对接，构建互利共赢的利益共同体。"一带一路"建设以政策沟通、设施联通、贸易畅通、资金融通、民心相通为主要内容。这就需要中国企业"走出去"，需要中国企业配合沿线国家的经济建设，为企业属地国谋福利。

"一带一路"倡议提出以来，"走出去"的中国企业越来越多。据我国商务部网站公开信息显示②，2016 年上半年，我国企业对"一带一路"相关的 61 个国家非金融类直接投资 68.6 亿美元，对外承包工程方面，1—6 月，我国企业在"一带一路"相关的 61 个国家新签对外承包工程项目合同 3080 份，新签合同额 514.5 亿美元，同比增长 37％，占同期我国对外承包工程新签合同额的 51.6％；完成营业额 307.4 亿美元，同比增长 3.5％，占同期总额的 46.5％。在国家"一带一路"倡议下，企业"走出去"将来会有更大的增长，针对境外企业的语言需求也会成倍增长。以中亚国家为例，到 2016 年 1 月 5 日，中亚国家共有中国境外企业 900 家

---

① 参见《推动共建丝绸之路经济带和 21 世纪海上丝绸之路的愿景与行动》，国家发展改革委、外交部、商务部 2015 年 3 月经国务院授权发布，http://www.xinhuanet.com/world/2015-03/28/c_111479398 6.htm。

② 参见《2016 年上半年我对"一带一路"相关国家投资合作情况》，中华人民共和国商务部"'走出去'公共服务平台"，http://fec.mofcom.gov.cn/article/fwydyl/tjsj/201607/20160701363205.shtml。

（邢欣、梁云，2016），许多民企和华商也走进了中亚国家，因此，语言服务的需求面临着巨大的机遇。

三、围绕"一带一路"的语言服务

"一带一路"从提出到实施再到取得收获的过程也是一个逐步深化、不断发展的过程。在这个发展过程中，语言服务也必将有新的延伸。

通过对中亚国家语言需求的调查，我们提出的语言服务新的延伸包括以下四个方面。

（一）"一带一路"紧缺专业的语言培训服务

习近平主席2016年6月在乌兹别克斯坦塔什干发表的讲话中提到，"为促进本地区经济整体发展，中方大力推动'一带一路'建设同各国发展战略对接"，并希望更多国家参与其中，因此，"中方愿在2017年至2019年为成员国培训1000名贸易便利化专项人员"。[①] 这1000名人员的培训就是语言服务的当务之急。上海合作组织的工作语言是汉语和俄语，培训也要围绕汉语和俄语来展开。

在中文培训方面，主要是针对这1000名学员的中文教学。首先，要制定针对贸易专员培训的中文教学大纲，做好现有中文教师的师资培训，从现状来看，我国的国际中文教育的师资队伍远远满足不了贸易便利化专员专业的中文培训需求，也就是说，我们缺少这样的中文教学师资队伍，有必要尽快在有条件的院校开展集中的中文师资培训。其次，要尽快编写好培训所需的教材，教材要突出为"一带一路"贸易便利化专员服务所需的内容。最后，在中文教学上，一是突出贸易专业，二是注重简单的口语会话教学，三是兼顾中国国情和中华传统文化介绍。

在俄语培训方面，主要是师资队伍的强化，在国际贸易专业师资领域开设俄语短期强化班，争取使之具备简单会话交流和专业术语交流能力；在俄语专业师资领域开展贸易便利化所需的专业培训，争取使之做到能用俄语进行专业教学。

---

① 参见习近平《弘扬上海精神 巩固团结互信 全面深化上海合作组织合作》，2016 年 6 月 24 日在上海合作组织成员国元首理事会第十六次会议上的讲话。http://politics.people.com.cn/n1/2016/0625/c1001-28477569.html。

(二)"一带一路"建设急需的中文教学服务

中文教学服务的对象包括"五通"中的专业高层次中文人才和普及型中文人才两类。

专业高层次中文人才培养围绕着语言需求中提到的精通国情中文、外交中文、政策法律中文、经贸中文、师资中文、医学中文等的人才。

普及型中文人才培训侧重以就业为导向和以自主创业经商为导向的简单口语中文教学,注重实际应用和实践,强调速成。

(三)促进民心相通的语言服务

"'一带一路'将丝绸之路延续千年的友好交流传统继承下来,并赋予新的时代内涵,使中国梦同沿线各国梦想融为一体。"① 这正好体现了"一带一路"民心相通的精神。

民心相通一方面需要讲好故事,包括中国故事、古丝绸之路中外人民友好往来的故事以及"一带一路"建设中的感人故事;另一方面,还要加大中国与"一带一路"沿线国家之间的文化交流,包括互办文化年、艺术节,实施"丝绸之路影视桥工程"和"丝路书香工程"。

我们在中亚国家调查中了解了许多丝绸之路上的友好故事和现实中的感人故事。诗仙李白的故乡在今吉尔吉斯斯坦楚河流域托克马克,那里至今流传着李白的诗歌。在哈萨克斯坦阿拉木图市,我们找到了记载着两国著名音乐家一段患难友情的冼星海大道。在中亚国家,中国企业和华商的感人故事为丝绸之路续写了新篇章,塔吉克斯坦的国家图书馆和博物馆由中国政府援建,吉尔吉斯斯坦有中国政府援建的医院、学校等。中亚国家还有许多华商建成的大型批发市场,市场的正常运转离不开当地民众对华商的热心帮助,其中也有许多感人的故事。

(四)"一带一路"沿线国家安全战略所需的语言服务

在信息化和互联网飞速发展的今天,跨越国界的互联传播给各国之间的国家安全带来了新的挑战,而网络上的国家安全靠语言传播,因此国家安全也需要语言服务。

---

① 参见王毅《"一带一路"建设已取得一系列沉甸甸的早期收获》,2016 年 8 月 3 日在主题为"第五届中国—亚欧博览会——共商共建共享 丝路:机遇与未来"的外交部第十七届"蓝厅论坛"上的演讲,http://www.xinhuanet.com/world/2016-08/03/c_129201423.htm。

沈骑（2016）提出要建构"一带一路"中的语言安全战略，包括加强丝路语言安全规划研究、启动跨文化语言安全战略研究、探索边疆语言安全治理能力建设、建立语言安全风险评估和应对机制。

从语言服务的角度看，这四个方面都需要为国家安全战略提供语言服务的高层次人才，包括具有计算机专业背景的外语专业人才、懂得多种语言的语言专业人才和沿线国家的非通用语人才，比如在中亚需要俄语、哈萨克语、吉尔吉斯语、塔吉克语、乌兹别克语、土库曼语人才，为培养这些人才需要利用核心区地缘优势。

"一带一路"倡议从提出发展到今天，实践中不断加入新的内容，理论上逐步加入新的思想，提升到新的高度。正因如此，倡议得到了更多沿线国家的响应，据最新资料显示，已有一百多个国家和国际组织表达了支持和参与"一带一路"建设的积极意愿，"一带一路"建设已取得一系列沉甸甸的收获。习近平主席在 2016 年 6 月乌兹别克斯坦最高会议立法院的演讲中又提出下一阶段"一带一路"建设的新方向，即"打造绿色、健康、智力、和平丝绸之路"。[①]

"一带一路"倡议在理论和实践中的新发展也对语言需求调查和语言服务提出了新的要求，我们的语言需求调查也要不断地跟上"一带一路"建设的步伐，以马克思主义实事求是的根本观点为指导，以习近平主席有关"一带一路"的讲话精神为核心，以科学的态度和朴实的作风来落实语言需求和服务，扎扎实实地走到"一带一路"沿线不发达国家的基层和艰苦地区去，实实在在地走到"一带一路"实施地区的一线普通民众中去，进行"一带一路"所需要的各个方面的语言调查，提供"一带一路"下一阶段发展所需的语言服务对策，并尽快将语言服务落实到行动中。

---

① 参见岳巍《习近平力倡"一带一路" 全球视野呈现四个新形象》，http://news.youth.cn/wztt/201606/t20160627_8192062.htm。

第三节　面向中亚的语言需求与语言服务①

2013 年 9 月，中国国家主席习近平出访中亚国家哈萨克斯坦时，在纳扎尔巴耶夫大学发表了重要演讲，首次提出建设"丝绸之路经济带"的倡议构想，并进一步指出，要从政策沟通、道路联通、贸易畅通、货币流通、民心相通五个方面着手合作（钟磊，2015）。这一提法唤醒了中亚各国关于古丝绸之路共同的回忆。这就是"一带一路"产生的最早背景。由于团结互信、平等互利、包容互鉴、合作共赢的"丝路精神"符合各国利益，"一带一路"倡议在中亚一些国家获得了认同和支持，并最早在中亚启动。由此可见，"一带一路"的构想与中亚密不可分。中国与中亚各国的合作至关重要，关乎"一带一路"倡议的成败。这一点在 2015 年 3 月由国家发展改革委、外交部、商务部联合发布的《推动共建丝绸之路经济带和 21 世纪海上丝绸之路的愿景与行动》这一重要纲领性文件中体现得更加明确。这一文件直接将与中亚各国接壤或有密切联系的新疆定位为"丝绸之路经济带"核心区，说明了中亚在"一带一路"中的重要作用。

一、中亚国家语言政策及其对语言的影响

（一）中亚国家的语言背景

有关中亚国家的范围，国际学界虽有争论，但目前较为一致的看法是指哈萨克斯坦、吉尔吉斯斯坦、塔吉克斯坦、乌兹别克斯坦、土库曼斯坦五国。李琪（2015）对中亚的概念做了详细的考证后指出，根据狭义定义，是指苏联解体后独立的中亚五国。1993 年中亚五国领导人在乌兹别克斯坦首都塔什干召开会议，宣布中亚地区应当包括哈萨克斯坦在内。此后，中亚五国的概念在国际社会得到普遍接受和使用。

中亚国家在独立前使用俄语，独立后打破了这种由单一语言——俄语

---

① 本节在邢欣、梁云论文《"一带一路"背景下的中亚国家语言需求》（《语言战略研究》2016 年第 2 期）基础上修改完成。

一统天下的局面，主体民族语言从少数民族语言一跃成为国家语言，俄语下降为"族际交际语言"或"通用语"。中亚五国原来只有一种国家语言——俄语，现在有五种国家语言（王新青 等，2015）。此外，在中亚五国，还有其他非主体民族存在，因此多语现象是中亚国家的常态。

（二）中亚国家的官方语言政策

中亚国家在20世纪90年代独立之后，在语言政策制定上经历过一些变化，而且不同国家的语言政策也不尽相同，但总的趋势是俄语在逐步被中亚各国的主体民族语言替代，语言地位呈下降趋势。根据调查显示，俄语尽管在政策层面地位下降，但在语言交际和使用方面目前仍属于主要交际语言，无论在政府部门还是在公共服务部门仍作为主要交流语言存在。究其原因，主要是目前在政府部门及学校、企业中工作的工作人员仍以30岁以上为主，这些人都是接受俄语教育的群体，而国家独立后成长起来的青少年还未成为就业主体。并且，尽管在学校教育中以国家主体民族语言教育为主，但由于家庭和社会仍用俄语交际，所以这些90后年轻人尽管俄语能力有所下降，但仍未脱离俄语环境，还是双语者。

根据张宏莉（2015）的介绍，中亚国家实施以全面发展本国国语并扩大其在政治、经济和社会生活等各领域的功能为主要目的的新型语言政策；与此同时，降低俄语地位、缩减俄语使用范围、有意进行文字改革的举措使俄语地位的边缘化已成为不争的事实。不过，各国在对待俄语的态度上又有着程度上的差异：在乌兹别克斯坦和土库曼斯坦的语言政策中，俄语基本上处于隶属地位；俄语在塔吉克斯坦的语言政策中暂属于隶属—协调地位；在哈萨克斯坦和吉尔吉斯斯坦则属于协调性的国家双语范畴。显然，语言政策的制定和实施过程实际上是一个不断在主体民族语和俄语之间寻找平衡点的过程。

（三）对语言需求的影响

从目前情况来看，中亚各国语言政策的主流是提倡以主体民族语言作为国语，但俄语仍具有权威影响力。此外，由于独立后几十年发展出的外交中立政策以及西方文化的影响，英语也逐渐成为一种重要的语言。随着中资企业在中亚的快速发展，以及孔子学院的发展，中文也逐步成为中亚国家越来越受关注的语言。语言的选择成为中亚大国间博弈的舞台，而这些语言政策也会对不同语种的取舍和需求产生重大影响。

二、中亚中资企业的增长带来的语言服务机遇

(一)中亚国家中资企业发展态势分析

企业"一带一路"建设就是"走出去"。近一两年来,"走出去"的企业越来越多,根据我国商务部数据显示[①],仅 2015 年 1 至 11 月,我国企业对"一带一路"49 个国家的对外直接投资同比增长 35.3 %;对外承包工程方面在"一带一路"相关的 60 个国家新签合同额同比增长 11.2 %。在国家的"一带一路"倡议和"走出去"战略实施的背景下,"走出去"企业将来会有更大的增长。境外中国企业的语言服务需求也会成倍增长。

近年来,中亚国家成为直接与"一带一路"核心区相连的国家。通过对我国商务部公布的境外投资企业名录的数据统计整理发现,从 1998 年起,中国境外企业开始在中亚国家建立境外公司。到 2016 年 1 月,共有 898 家中国境外企业,其中哈萨克斯坦最多,有 361 家,其他依次为乌兹别克斯坦 202 家,吉尔吉斯斯坦 174 家,塔吉克斯坦 125 家,土库曼斯坦 36 家,分布统计见表 3-1。

表 3-1　　中亚国家中资企业分布情况统计

国家	数量	百分比/%
哈萨克斯坦	361	40
乌兹别克斯坦	202	23
吉尔吉斯斯坦	174	19
塔吉克斯坦	125	14
土库曼斯坦	36	4

(二)中亚国家中资企业的发展模式

目前在中亚开展业务的中资企业主要是一些以基础建设为主的企业,是中国目前在世界上占有优势的企业。这些企业的工程都不是短期行为,往往都需要至少几年作业才能完成一个项目,因此越是搞基础建设的

---

① 参见《2015 年 1—11 月中国与"一带一路"相关国家经贸合作情况》,中华人民共和国商务部"走出去"公共服务平台,http://fec.mofcom.gov.cn/article/fwydyl/tjsj/201512/20151201213317.shtml。

公司，越具有稳定增长的特性，例如从事矿业、公路、桥梁、水电站、大厦、发电站等建设的企业。

中资企业在当地的发展模式主要包括以下三种。

1. 进行项目承包

此类为进行工程建设的企业，例如中石油、路桥公司、中铁建、中水电、中铁等。当工程经过若干年完工以后，一般来说公司建设的主要力量就会回国，但是公司一定会有留守人员，在留守人员中会包括至少一名外语人才，如俄语人才。在中资企业中，语言人才不仅做翻译工作，而且可以在当地从事其他对外联络协调、一般日常管理工作，基本都是复合型人才。

2. 在属地国长期开展业务

在当地长期开展业务的中资企业基本上属于建设行业，例如塔吉克斯坦的塔中矿业、紫金矿业、华新水泥、特变电工等。这些企业都聘用了大量当地员工，为当地创造大量就业机会的同时也为属地国财政上缴了大量税款，带活了当地的经济。例如，塔中矿业每年上缴税金达到 2 亿（当地货币索莫尼，相当于对等额人民币），聘用的员工最多时有上万人，日常也有五六千人；特变电工在中亚投资建设电厂，完工后除建设人员外，还需要长期维护人员、技术人员以及当地工人以保证电厂的正常运转。这些企业在运营中既需要高层次复合型人才，又需要大量当地懂中文的人才。

3. 正在开展合作的企业

这其中既有国营企业，又有民营企业。例如新疆昌吉的绿色食品公司借助中国农业银行兵团分行的落地，开展绿色食品进出口业务。他们在属地国投资食品深加工、绿色农产品种植，产品出口到世界各地。此类中资企业在中亚迅速地发展业务。此外，由于中国制造业的下滑，以日常生活用品为主的内地企业，如家用小电器、服装等，也纷纷转向，开拓新的市场。需要注意的是，他们并不是将中亚看作兜售产品的市场，而是将其作为融资性的、以投资为主的市场。例如福建厦门的一些民营企业在考察中亚市场，准备投资当地的企业。为保证投资的安全，这些企业非常需要聘用懂得当地政策法规、风土人情和商务销售的人才。

（三）中资企业带来的语言服务机遇

在近 10 年的时间里，中国境外企业在中亚国家增长迅猛，还有许多民企也走进了中亚国家。因此，语言服务的需求面临着巨大的机遇。造成语言服务需求猛增的情况既有现实需求，也有历史原因。首先，中资企业数量增长和业务范围拓宽需要吸纳许多属地国员工，在员工招聘时由于不需要大量技术含量高的人才，所以优先选择能用中文简单交流的员工，这带动了中亚国家学习中文的热潮。从新疆的留学生情况来看，新疆 2015 年全年接收各类来华留学生逾 6000 人次，且呈逐年增长态势，新疆高校在周边国家合作建立的孔子学院学员参与量已逾 1.5 万人次。其次，中亚五国由于在苏联时代以俄语作为官方语言，尽管在 20 世纪 90 年代初相继独立，开始推行以主体民族语言为官方语言的政策，但目前还是以使用俄语为主。这也使得中资企业需要大量的俄语人才。

三、中亚国家语言需求的新趋势

为了尽快了解中亚国家的语言需求情况，近几年来我们多次赴中亚国家进行语言需求调查，包括赴塔吉克斯坦 3 次，哈萨克斯坦 3 次，吉尔吉斯斯坦和乌兹别克斯坦各 1 次，采访了中国境外企业领导，外语背景的管理人员，企业办事处工作人员，民企投资人，中国留学生，孔子学院教师、学生等高校教育工作者等上百人。我们从采访中了解到的语言服务需求，主要体现在以下几个方面。

（一）以俄语为导向的多语种需求

1. 俄语

如前所述，中亚国家尽管从 20 世纪 90 年代独立之后不同程度地推行主体民族语言为国语的政策，但这实际上更多是基于对母语的情感认同和地位认同，在语言实际使用中还无法完成完全的母语化，俄语仍会在相当长的时间里占据主要交际语言的地位。因此，俄语人才是中亚国家的首选。从采访来看，所有企业里的外语背景人才中，俄语专业或精通俄语的占到了 95 % 以上。此外，由于目前中亚国家的法律、经济、外交等部门仍保留了俄语文本，在中亚国家，俄语背景的语言人才需求仍会增长。

2. 俄语–小语种双语

中亚国家近年来加大了推广主体民族语言的力度，不仅从语言政策层面，而且在语言教育方面也开始推广，中小学课程都用母语教学。因此国家独立后出生的年轻一代以母语为交际语言，但同时由于家庭、社会的原因仍接受俄语教育。从"一带一路"建设的视角来看，俄语与母语双语服务的需求会有所增长。例如，塔吉克斯坦国立民族大学孔子学院前院长邓新老师在塔吉克斯坦工作 8 年，学会了俄语和塔吉克语，可以用塔吉克语流利地跟当地人进行交流，为中资企业和当地交流做出了突出的成绩。

3. 英语、或英语–俄语双语

有些企业，如华为等通信公司、江淮汽车等主要做推广营销与售后服务的企业，更注重英语，重视英语或英俄双语人才。从中亚国家的外交发展战略来看，保持中立是这些国家追求的目标，当大国在外交、经济等方面向中亚国家抛出橄榄枝时，在各国之间保持平衡是中亚国家的首选。俄罗斯的优势来自历史，中国的优势来源于地缘近、民族相同、语言类型相近以及经济大国的地位。但美国对中亚的影响也正在增强，特别是受美国文化的影响，中亚国家的年轻人学英语的越来越多。在这种大环境下，英语会成为中亚未来新的大语种。此外，由于中国境外企业的管理人员大都会英语，用英语与外方交流更容易，所以企业对英语的需求也在增加，例如中石油所有在中亚国家工作的人员（包括技术人员、工人等）都必须经过英语或俄语考试才能赴任，并且去属地国后每半年要进行一次语言测试。

4. 小语种

由于中亚国家 1991 年陆续独立，各国独立后都在逐步推行母语化的语言政策。例如，哈萨克斯坦要求通过哈萨克语水平考试 3 级，首任总统纳扎尔巴耶夫也参加了哈萨克语水平考试，并通过了 3 级。塔吉克斯坦也在实行塔语化的政策。目前中亚各国的政府层面都在提倡用母语书写文件、合同、政策法规等。根据调研得知，远离都市的年轻人俄语能力降低较快，有些年轻人已经不会说俄语而只会说母语了。所以小语种人才的培养也是需要引起重视的，不过在小语种的人才培养上，更应该培养的是少而精的高层次人才，不宜采取大规模的培养模式。

（二）以专业外语复合型语言人才为导向的需求

在对中资企业的采访中，几乎所有企业的负责人都谈到了对语言服务型人才的需求主要集中在有专业背景的语言人才上。当然，所有的企业都有俄语专业毕业的翻译人才，但是，这些翻译首先要在很短的时间内熟悉企业的商业往来业务知识，并且大多并不是以翻译的身份在工作，而是以业务管理人员的身份在工作。比如，塔中矿业的两位俄语专业本科生在分公司工作了 5 年以上，分别是办公室主任和对外联络部主任的身份。在交谈中，他（她）们对本公司的经营范围、内部管理以及商业往来了如指掌。还有一些接受访谈的管理人员已成为公司的核心成员。例如中水电十六局的邓桂香主任，她是湖北人，俄语专业毕业后即进入中水电工作，1999 年到中亚国家，在乌克兰、哈萨克斯坦都待过 2 年以上，到塔吉克斯坦也 9 年了。她不仅对中水电十六局所有业务了如指掌，而且还参与了工程项目的核心技术设计及各种招标方案的制作，真成了"水电通"。中铁六局的李彬是典型的 80 后，毕业于西安外国语学院，已在中亚 9 年多，他除了精通俄语外，还兼任企业对外联络处主任及工程管理人员，对桥梁隧道专业的基本业务了然于胸。同时，他又在当地培训员工，在工作中对俄语语法及俄语教材编写情有独钟，花了 3 年多时间搜集中亚国家流传的俄语教材和词典多部，用于编写语法教材，目前该教材已接近完成。塔吉克斯坦中石油天然气管道公司时任党委书记胡宁是英语专业毕业的，而他目前已是精通石油专业业务的高层管理者。他介绍了中石油对语言人才的需求，特别强调中石油所有外语专业的员工必须在 5 年内熟悉一门业务并成为业务骨干，否则就要被解聘。而所有非外语专业员工每半年要参加一次公司组织的外语考试，不合格者也要再培训。这就形成了良性的复合型专业语言人才的循环培训模式。在采访中胡宁随身带着中石油自编的俄语和塔吉克语教材，教材上密密麻麻写满了注释。他从其他国家调到中亚时间不长，在中亚 2 年多，已可以使用俄语交流，而来塔吉克斯坦才半年多，已经可以用塔吉克语跟一般民众简单会话。

复合型俄语专业人才成了中亚国家中资企业的迫切需求。中国农业银行新疆兵团分行驻塔吉克斯坦农业投资银行当时的负责人高寒谈到金融

专业俄语人才需求时有更高的期望。他谈到兵团分行已培训了塔吉克斯坦
40 名金融管理人才，用俄语培训，教材是中国农业银行行长亲自设计
的，教师的专业是金融，俄语是第二学位。他认为，如果只是俄语专业的
翻译型人才，但对金融专业一窍不通，就只会翻译术语，而其实专业术语
背后是整个知识体系的支撑，不懂专业，就无法做一个合格的语言人才。
目前，这样的人才是企业最急需的，而国内的专业复合型语言人才现状远
远赶不上需求的脚步。

（三）以实干型和综合素质为导向的需求

在中亚国家开设的中资企业，目前以基础建设为主，包括道路交通
建设、矿业开发等。这些企业的员工无论是中高层管理者还是基础建设者
都要长期驻守在中亚国家，或在中亚和中国之间穿梭往来，许多人都要独
当一面地处理属地国的各种问题甚至突发事件。这些企业在语言人才需求
上倾向于有实干精神和吃苦精神的人才。同时，综合素质高的语言人才在
文化适应方面也更容易融入当地的人文环境中（孙进，2010）。例如，中
铁设计院（西安）在塔吉克斯坦的项目负责人蒋晓涵工程师，本人是西安
人，硕士毕业于广东外语外贸大学俄语专业，同时在实践中成长为工程
师，她也是 80 后，但当工程需要时，她义无反顾地投入赴外工作，从孩
子 1 岁多开始到 2015 年底 5 岁多，一直奔波于国内外，前些年去非洲，
这几年在中亚塔吉克斯坦。她向我们讲述一次从塔吉克斯坦的山区返回时
的经历，由于天气原因，她需要从塔吉克斯坦转机到南昌，再从南昌回到
西安，一路奔波在路上就几十个小时，她谈到在微信上看到她儿子稚嫩地
表达"我爱妈妈"时，我们都被感动了。中铁五局的许贤慧总经理也是
80 后，他谈到当年作为唯一负责人带着车队穿越昆仑山，车辆在悬崖上
遇险差点儿车毁人亡的经历时也只是一笔带过，说得最多的是对家人和孩
子的愧疚。其他的访谈嘉宾都谈到了许多实干苦干的事例，他们在选用语
言人才时也更看重实干型人才和综合素质较高的人才。

（四）以就业为导向的中亚国家中文普及型人才需求

我们在采访中也发现，所有的语言需求落实到最后一点就是要解决
当地的就业问题。中资企业在中亚国家所做的一切最终都是为了当地的就
业和经济发展。中亚国家在用工政策上有严格限制，坚持 2∶8 的比例，

即 10 名员工中，属地国的员工要占到 8 名。近年来有些国家限制更加严格，例如塔吉克斯坦开始试行 1 ：9 的比例。这样的用工比例势必成为中文学习的最大动力。不过在需求方面，更缺乏的是普及型的中文人才，因为从员工构成来看，中国员工基本上都是中层以上管理人员，这是因为中资企业核心技术机密的要求，也就是说，核心技术必须掌握在中国员工手里。所以从语言需求来看，以就业为导向的属地国的中文人才急缺的是普及型人才。

四、中亚国家语言人才培养建议

从中亚国家语言需求的调研情况来看，"一带一路"建设所需要的语言人才是综合素质高、有专业背景的复合型外语人才。邢厚媛（2014）、董毓华（2015）在提到语言需求时都指出，需要的语言人才一是面向企业的语言翻译，二是国别化的大语种和小语种的语言翻译，三是专业型的语言翻译。赵世举（2015）也提出了类似的建议。我们的建议如下。

（一）以就业为导向的人才培养建议

1. 外语人才培养建议

1.1 俄语人才培养建议

从中资企业目前招聘的外语人才来看，中亚国家首选人才是俄语人才，虽然中亚国家存在着用工比例的限制，驻属地国俄语人才需求量还是很大。根据采访来看，有万人规模的塔中矿业需要俄语专业人才大致 3 至 5 人，其他企业平均需求数基本在 1 至 3 人。根据中亚国家中资企业数量来计算，保守估计目前大概需要 1000 人。所以我们建议加大俄语人才培养力度。

1.2 小语种人才培养模式建议

由于中亚五国实行提升本国母语地位和加大母语教育力度的政策，因此小语种人才也有一定的需求量。但我们在采访中发现，一是单一小语种人才无法适应企业的需求，比如中资企业会隔几年在不同国家交换一批员工，如果只学某一小语种，换到其他国家后无用武之地。例如，在塔吉克斯坦采访到的一位江淮汽车的员工是在土耳其安卡拉学习的土耳其语，到塔吉克斯坦后无法交际。二是小语种需求量不大，更多需要的是俄语和属地国语言都会的双语人才。由此我们建议，不宜盲目在内地高校开设针对中亚国家的小语种专业，一是师资跟不上，二是学生就业是否愿意选择中亚国家也是未知因素之一。我们建议开设小语种与俄语兼通的双语人才培养专业。

2. 中文人才培养建议

中文人才主要是中亚国家的人才，以普及型人才培养为主。由于孔子学院在中亚国家起到了良好的示范效应，初级中文学习基本都在孔子学院完成，中资企业大部分的属地国员工都是由孔子学院培养的中文人才，也就是说中资企业更愿意聘用懂中文的当地员工。因此我们建议中亚孔子学院承担起普及型中文人才的培训任务。目前，塔吉克斯坦国立民族大学孔子学院在这方面已走在中亚各国孔子学院的前列，中石油已与孔子学院签署了联合培养塔吉克斯坦员工的中文教学协议。

（二）以复合型专业语言人才为导向的人才培养

复合型专业语言人才是中资企业最需要的人才。我们建议在财经大学、理工大学、政法大学等院校的俄语专业人才培养上进行改革，实行双学位制，尽快培养出为"一带一路"服务的复合型专业语言人才。

（三）以核心区优势为导向的专业语言人才培养

"一带一路"中的"丝绸之路经济带"核心区与中亚3个国家接壤，近水楼台先得月，核心区也是在中亚开设公司最多的地区，其优势明显，具体体现在地缘优势上。核心区新疆直接接壤的3个中亚国家是塔吉克斯坦、吉尔吉斯斯坦和哈萨克斯坦，另外两个中亚国家乌兹别克斯坦和土库曼斯坦与我国新疆虽不直接接壤，但也要通过新疆转道内地，所以新疆有天然的地缘优势。据统计，截至2019年底，新疆已有各类口岸20个，其中与中亚国家接壤的口岸有10个[①]，成为中国中亚国家交流的重要渠道。地缘优势可为小语种及俄语人才培养节约成本，提高效率。

（四）以跨文化人际沟通能力为导向的语言人才培养

作为语言服务型人才，首先要具备跨文化沟通的能力。特别是服务于中亚国家中资企业的语言人才，一般都要经常与属地国政府机构及各相

---

① 参见王亭亭《"一带一路"视角下新疆口岸经济带高质量发展研究》，《商业经济》2022年第11期。

关部门的各方面人员进行沟通协调，还要应对一些突发事件。他们往往身兼数职，既是中方高管的翻译、秘书，又是对外联络协调人员，还要兼顾办公室日常业务工作，此外还常常做培训教师和教材编者，有的还要参与对项目工程的管理与指导，在日常工作中往往要与中方、属地国各类人员打交道。在塔吉克斯坦的 3 次调查中一直陪同我们的曾任塔吉克斯坦国立民族大学孔子学院老师、后任中铁五局驻塔分公司办公室主任干事的汪玲玲女士就是一位极具跨文化人际沟通能力的语言人才。她是 90 后年轻人，高中起就来到中亚学习俄语，在中亚有着极好的人缘，为孔子学院和企业发展贡献了力量。具备良好的人际沟通能力和跨文化沟通能力是展开工作的重要条件。因此我们建议加强对企业语言人才跨文化沟通能力和人际沟通能力的培养。

第四节　语言助力"一带一路"企业的发展[①]

"一带一路"倡议是世纪发展大计，它的提出引起了全世界各个领域的高度关注。"一带一路"建设以政策沟通、设施联通、贸易畅通、资金融通、民心相通为主要内容，这就需要中国企业"走出去"，加强"贸易畅通"和"资金融通"，参与"一带一路"沿线国家和地区的经济建设，海外中资企业成为"一带一路"建设的中坚力量。

"一带一路"倡议提出以来，"走出去"的中国企业越来越多，由此带来的海外中资企业语言服务需求也日益增长。近些年来，"一带一路"倡议背景下的语言研究成为热点，但大部分都在提出各种语言规划和政策建议，而对"一带一路"沿线国家海外中资企业语言的具体需求关注不多，这与"走出去"企业呈现的井喷局面不相吻合。由此引发了我们的思考和探讨。

"走出去"的中国企业在海外面临着一系列挑战，诸如中国企业总部

---

① 本节在张磊的论文《"一带一路"视野下的海外中资企业语言需求研究》（中国传媒大学，2018年）部分内容的基础上修改完成。

对海外分公司的管理、海外中资企业之间的联系、海外中资企业与投资对象国的交流沟通等，而首先面临的就是沟通时的语言隔阂问题。因此，研究"一带一路"沿线国家和地区的海外中资企业语言需求就很迫切。鉴于此，我们结合目前中资企业"走出去"的实际情况，通过统计分析商务部"走出去"服务平台相关数据、孔子学院官网数据和其他网络资料数据，结合具体案例，探讨"一带一路"视野下海外中资企业语言需求的相关问题。

随着"一带一路"建设如火如荼的开展，中国企业"走出去"的规模不断壮大，足迹可谓遍布世界，对海外中资企业的世界分布和语言需求进行研究，也是语言服务的新趋势。鲁明易（2017）对中国"一带一路"沿线投资量前 20 名国家的语言状况进行统计，分析了中资企业在"一带一路"沿线国家的行业分布及其对语言需求的影响，得出结论，"一带一路"建设对非通用语种人才有着大量的需求；中资企业的语言需求需要既懂行业领域的专业知识又精通所在国语言的复合型人才。邢厚媛（2014）分析了中国企业实施"走出去"战略的现状，重点分析了投资和对外承包工程等领域，简要分析了语言需求的重要性，提出了语言如何为企业"走出去"服务的相关建议。董毓华（2015）分析了全球化背景下，中国企业实施"走出去"过程中存在的一些发展问题，指出语言服务的需求问题一直是影响企业进一步发展的重要因素，为此，作者在文章中就中国企业"走出去"的现状和对语言服务的需求进行了简要分析，并提出了相关建议。张丽华 等（2014）提到了矿业专业人才在国家经济中举足轻重的作用，提出了矿业专业翻译人才"走出去"的见解，以及"走出去"对专业复合型人才的需求。但总体上来看，学界对中资企业在沿线国家的发展趋势和语言需求还缺少深入的数据统计和专门的分析。随着"一带一路"进入精耕细作的深入发展阶段，参与其中的国家也越来越多，由早期的 65 个国家发展到目前的 100 多个国家。由于资料数据的局限，我们主要针对早期的 65 个国家进行研究。

随着"一带一路"的持续建设，"一带一路"沿线国家和地区的海外中资企业必将加速发展，中国企业"走出去"的步伐也将更加快速，对各种人才的需求会越来越大，对语言人才的需求当然也更加急迫。通过对"一带一路"沿线国家和地区的海外中资企业按地缘等因素进行分类，可以直观地了解各个地区中资企业的数量，针对不同地区的不同需求，有利于对该地区语言需求进行更精准的分析。同时对每一地区的官方语言和主要通用语言进行统计分析，可进一步分析出"一带一路"沿线国家和地区主要需要的几种语言人才。

　　"一带一路"沿线 65 个国家国情复杂、语言繁多，因此"一带一路"沿线国家的海外中资企业对语言服务有着不同需求。我们首先需要了解"一带一路"沿线国家语言状况和中资企业数量及分布情况，通过对海外中资企业的宏观了解，再探索不同沿线国家的中资企业对语言服务的不同需求。

一、"一带一路"沿线国家及地区语言状况

（一）沿线国家的地理分布和国别语言状况

　　"一带一路"沿线 65 个国家按照地理位置可分为以下六大区域，即中亚五国、南亚八国、东南亚十国、西亚及北非二十国、中东欧二十一国以及东亚一国。这些区域中具体的国家和语言情况见表 3-2。

表 3-2　"一带一路"沿线国家国别语言统计表

区域	国家	国语、官方语言和主要通用语言
中亚五国	哈萨克斯坦	哈萨克语、俄语、英语
	乌兹别克斯坦	乌兹别克语、俄语
	土库曼斯坦	土库曼语、俄语
	塔吉克斯坦	塔吉克语、俄语
	吉尔吉斯斯坦	吉尔吉斯语、俄语
南亚八国	印度	印地语、英语
	巴基斯坦	乌尔都语、英语
	孟加拉国	孟加拉语、英语
	阿富汗	普什图语、达利语
	斯里兰卡	僧伽罗语、泰米尔语
	马尔代夫	迪维希语、英语
	尼泊尔	尼泊尔语、英语
	不丹	不丹语、英语

续表

区域	国家	国语、官方语言和主要通用语言
东南亚十国	新加坡	英语、马来语、华语、泰米尔语
	马来西亚	马来语、英语
	印度尼西亚	印尼语
	缅甸	缅语、英语
	泰国	泰语、英语
	老挝	老挝语
	柬埔寨	高棉语、英语、法语
	越南	越南语、英语
	文莱	马来语、英语
	菲律宾	菲律宾语、英语
西亚及北非二十国	伊朗	伊朗语（波斯语）
	伊拉克	阿拉伯语、库尔德语
	土耳其	土耳其语
	叙利亚	阿拉伯语、英语、法语
	约旦	阿拉伯语、英语
	黎巴嫩	阿拉伯语、法语、英语
	以色列	希伯来语、阿拉伯语、英语
	巴勒斯坦	阿拉伯语
	沙特阿拉伯	阿拉伯语、英语
	也门	阿拉伯语
	阿曼	阿拉伯语、英语
	阿拉伯联合酋长国	阿拉伯语、英语
	卡塔尔	阿拉伯语、英语
	科威特	阿拉伯语、英语
	巴林	阿拉伯语、英语
	塞浦路斯	希腊语、土耳其语、英语
	埃及	阿拉伯语、英语、法语
	格鲁吉亚	格鲁吉亚语、俄语
	阿塞拜疆	阿塞拜疆语、俄语
	亚美尼亚	亚美尼亚语、俄语

续表

区域	国家	国语、官方语言和主要通用语言
中东欧二十一国	波兰	波兰语
	立陶宛	立陶宛语、俄语
	爱沙尼亚	爱沙尼亚语、英语、俄语、芬兰语
	拉脱维亚	拉脱维亚语、俄语
	捷克	捷克语
	斯洛伐克	斯洛伐克语
	匈牙利	匈牙利语
	斯洛文尼亚	斯洛文尼亚语
	克罗地亚	克罗地亚语
	波黑	波斯尼亚语、塞尔维亚语、克罗地亚语
	黑山	塞尔维亚语
	塞尔维亚	塞尔维亚语
	阿尔巴尼亚	阿尔巴尼亚语
中东欧二十一国	罗马尼亚	罗马尼亚语、匈牙利语
	保加利亚	保加利亚语、土耳其语
	马其顿	马其顿语
	乌克兰	乌克兰语、俄语
	白俄罗斯	白俄罗斯语、俄语
	摩尔多瓦	摩尔多瓦语、俄语
	希腊	希腊语
	俄罗斯	俄语
东亚一国	蒙古	蒙古语

　　根据表 3-2 数据显示，仅从语言的名称与种类来看，中亚五国涉及的语言有 7 种，其中俄语作为官方语言或通用语言在中亚五国都作为主要语言在社会上通用，英语只有哈萨克斯坦作为官方语言在旅游语言中使用，其他 5 种语言在各自国家作为国语使用。南亚八国涉及的语言有 11 种，其中英语在 6 个国家通用。东南亚十国涉及的语言有 12 种，其中英语使用的国家最多，有 8 个国家使用；同时，有 3 个国家的官方语言是马来语。西亚及北非二十国涉及的语言有 12 种，其中官方语言或主要通用语言涉及最多的是阿拉伯语，阿拉伯语是 14 个国家的官方语言；同时该地区主要通用语言是英语的国家也很多，有 12 个；除此以外还有 3 个

国家可以通用俄语。中东欧二十一国涉及的语言有 23 种，该地区语言种类复杂多样，其中官方语言或主要通用语言涉及比较多的是俄语、塞尔维亚语。东亚有蒙古一国，涉及的语言只有蒙古语 1 种。根据统计，早期"一带一路"沿线国家涉及的官方语言和主要通用语言共 57 种，语言种类繁多，反映出这些国家语言的多样性和复杂性，也反映出掌握多语是这些国家的主要特点。

（二）沿线国家主要语言统计

基于表 3-2 的统计数据，再次对"一带一路"沿线国家的语种进行分类统计，可以看出其中涉及最多的语言分别是英语、俄语、阿拉伯语，此外还有各个国家的国别语言，也叫作非通用语种语言，通俗叫法为小语种语言。表 3-3 是按区域对沿线国家官方语言或主要通用语言情况的统计。

表 3-3 "一带一路"沿线国家官方语言或主要通用语言使用情况按区域统计表

区域	英语	俄语	阿拉伯语	其他语种
中亚五国	1	5	0	5
南亚八国	6	0	0	8
东南亚十国	8	0	0	10
西亚及北非二十国	12	3	14	8
中东欧二十一国	1	7	0	20
东亚一国	0	0	0	1
国家数量总计	28	15	14	52

如表 3-3 所示，"一带一路"沿线国家官方语言或主要通用语言是英语的有 28 个国家，官方语言或主要通用语言是俄语的有 15 个国家，官方语言或主要通用语言是阿拉伯语的有 14 个国家，官方语言或主要通用语言是小语种的有 52 个国家。

1. 英语

"一带一路"沿线国家官方语言或主要通用语言为英语的国家有 28 个。根据统计数据，官方语言或主要通用语言是英语的有西亚及北非地区 12 个国家，东南亚地区 8 个国家，南亚地区 6 个国家，中东欧地区 1 个国家以及中亚地区 1 个国家。此外，有些国家英语虽然不是官方语言或者最通用的语言，但是英语在政府机关、高等院校、商业活动中依旧应用普遍。由此看来，英语仍是世界上使用区域最广泛的语言。

2. 俄语

"一带一路"沿线国家官方语言或主要通用语言为俄语的国家有 15 个，除俄罗斯以外还包括中东欧地区 6 个国家、中亚地区 5 个国家、西亚及北非地区 3 个国家。由于历史原因，俄语在一些苏联时期的加盟国影响仍旧很大，这些国家依然通用俄语。

3. 阿拉伯语

"一带一路"沿线国家官方语言或主要通用语言为阿拉伯语的国家有 14 个，且都集中在西亚及北非地区。阿拉伯语是阿拉伯联合酋长国和沙特阿拉伯的官方语言，也是西亚和北非地区很多国家的主要通用语言。

4. 其他语种

除以上三种语言外，"一带一路"沿线国家官方语言或主要通用语言为其他语种的国家有 52 个。虽然涉及的小语种数量众多，但这些国家大多是双语或多语国家。以母语为单一官方语言的国家很少。

5. 多语种

根据表 3-4 的统计数据可以发现，"一带一路"沿线国家的很多官方语言或主要通用语言都不是单一的。其中原来属于苏联时期加盟共和国的国家通用的主要语言除了本国母语之外，俄语是主要官方语言或通用语言，比如中亚地区、中东欧和西亚部分地区的 12 个国家。西亚和北非的大部分多语国家，除了官方语言是阿拉伯语外，通用语言以英语为主，有 7 个国家。南亚和东南亚地区的多语国家除了本国官方语言外，大部分国家通用语言为英语，有 12 个国家，如东南亚部分国家官方语言为马来语，主要通用语言是英语。此外，三种或四种语言的多语国家也占了一定比例，共有 10 个国家。这些双语和多语国家说明"一带一路"沿线国家官方语言或主要通用语言的多元化，也体现出"一带一路"65 个沿线国家的特殊之处。

表 3-4　"一带一路"沿线国家语言使用情况统计表

区域	单语（母语）	双语（英语）	双语（俄语）	双语（其他）	多语
中亚五国	0	0	4	0	1
南亚八国	0	6	0	2	0
东南亚十国	2	6	0	0	2
西亚及北非二十国	4	7	3	1	5
中东欧二十一国	12	0	5	2	2
东亚一国	1	0	0	0	0
国家数量总计	19	19	12	5	10

二、"一带一路"沿线国家中资企业中文人才需求

"一带一路"沿线国家中资企业员工中，外方员工占了很大比例，对中文的需求也很急迫。中资企业"走出去"，离不开语言助力，沿线国家中资企业对语言人才也有着更高的要求。一方面需要大量的懂简单中文的当地员工在企业工作或打工，另一方面也需要一定数量的各语种外语人才，特别是既懂外语又懂专业的复合型外语人才为企业与当地的交流沟通服务，助力企业更好地融入当地，得到更好的发展。

"走出去"的中资企业，为当地民众提供了就业机会，也给当地政府带来了可观的经济效益。对于当地民众来说，进入中资企业工作是一个不可多得的好机会，他们也意识到学好中文会增加自己的就业优势。同时，海外中资企业如果有熟悉中文的员工，也更有利于企业内部的沟通和管理。海外中资企业的用工需求和当地民众的就业需求带来了"中文热"。吴明海（2015）认为，孔子学院和中国企业在当今市场经济与全球化浪潮中，应该发扬儒家文化积极入世的传统精神，尤其在"一带一路"的建设中发挥文化自觉性、能动性与主体性。邓新（2016）以塔吉克斯坦国立民族大学孔子学院为例，结合"一带一路"沿线国家孔子学院的建设实践经验，就孔子学院如何参与"一带一路"建设总结出具体的方法与途径，认为孔子学院应考虑规模优先发展、着力提升活动层次与影响力、主动结合企业需求并与之形成优势互补的合作模式。

在满足中文人才需求方面，孔子学院（课堂）无疑是主要基地。近年来"一带一路"沿线国家很多孔子学院和孔子课堂建设取得了优秀成果，他们在当地传播中国文化，培养国别化中文人才，促进中外交流，起到了先进示范作用。孔子学院（课堂）与中资企业的合作交流也越来越频繁，孔子学院（课堂）也正积极参与"一带一路"的建设，孔子学院（课堂）为中资企业提供了相应的服务，为中资企业培养了大批中文人才，并且根据实际情况进行了分层次培养。

三、沿线国家中资企业其他语言人才需求

"一带一路"沿线国家语言面貌复杂多样，需要多个语种的人才，但总的来说，英语人才占据重要地位，俄语人才在中东欧和中亚地区仍有大量需求，此外阿拉伯语也有一些国家在使用，需要对这些语言进行更多的关注和人才培养。此外，中资企业的发展更需要"语言+专业"的复合型语言人才，这方面语言人才的培养显然是个难题，解决不好就会制约"一带一路"的进一步发展。

前述"一带一路"沿线国家官方语言和主要通用语言相关统计数据显示，"一带一路"沿线国家官方语言或主要通用语言是英语的有 28 个国家，官方语言或主要通用语言是俄语的有 15 个国家，官方语言或主要通用语言是阿拉伯语的有 14 个国家，官方语言或主要通用语言是小语种的有 52 个国家，因此海外中资企业对外语人才也有着多语种和主要语种的需求。

根据前文，"一带一路"沿线国家的很多官方语言或主要通用语言都不是单一的。例如中亚地区，俄语人才的需求很大，但是同时也需要哈萨克语、吉尔吉斯语等国语的人才。中东欧地区语言也很复杂，除了各国不同的官方语言外，使用最多的通用语言是俄语、塞尔维亚语等，同时这里也通用英语。西亚和北非地区，尤其是阿拉伯联合酋长国和沙特阿拉伯，官方语言是阿拉伯语，并且都通用英语。南亚地区除了本国官方语言外，很多国家都通用英语。东南亚部分国家官方语言为马来语，主要通用语言是英语。由此我们可以发现"一带一路"沿线国家的官方语言或主要通用语言的多元化，这也对外语人才提出了更高的要求，需要更多同时掌握多

种语言的外语人才。例如"一带一路"沿线有 28 个国家的官方语言或主要通用语言是英语，因此这些国家海外中资企业的小语种人才最好能同时提高自己的英语水平。这样不仅掌握了相应国家语言，同时还熟悉主要通用语言，由此才能更好地帮助企业尽快在当地扎下根，进而顺利开展工程项目的实施。

"一带一路"沿线国家海外中资企业外语人才绝不仅是简单地掌握外语和专业，还需要更高的综合素质。作为语言服务型人才，还要具备良好的跨文化交际能力。服务海外中资企业的语言人才，一般都要在当地展开多方合作，要与当地企业、政府及其他企业人员进行沟通交流，还要应对一些突发事件，甚至需要克服恶劣的工作环境，以及调节身处异国他乡的文化、心理不适应等状况，因此良好的跨文化交际能力也是海外中资企业语言人才需要掌握的重要能力。所以中资企业"走出去"需要的复合型语言人才，同时也应是具有跨文化交际能力的语言人才。

专业复合型语言人才的培养也给培养单位带来挑战和机遇，尤其给高校的传统培养模式带来挑战。对于外语人才的培养，培养单位应该结合实际需求以及海外中资企业的工作性质有针对性地进行培养，转变传统观念，尝试新的培养方式。

第五节　中亚中资企业的本土人才需求①

2022 年是中国与中亚五国建交 30 周年，30 年来，中国同中亚贸易额增长了 100 多倍，中国对中亚五国直接投资存量超过 140 亿美元。②新疆作为中国向西开放的前沿，正逐渐成为中国与中亚五国产业合作的重要平台和境外投资的主要力量，由于地缘优势和政府有利政策的实施，新疆

---

① 本节在张全生、赵雪梦论文《新疆外向型企业对中亚本土人才的需求分析》（《新疆社会科学》2014 年第 4 期）基础上修改完成。

② 参见商务部新闻办公室《商务部成功举办中国—中亚经贸合作论坛：稳中求进，奋楫笃行，推动中国中亚经贸合作高质量发展》，http://www.mofcom.gov.cn/article/syxwfb/202201/20220103237653.html。

企业已率先占据在中亚国家实施"一带一路"建设的桥头堡位置。在政府鼓励企业"走出去"的过程中，新疆越来越多的民营企业、股份制企业参与其中，形成了很多外向型企业，这些外向型企业要在国外生存并更好地发展，必然要实行一系列的本土化策略，其中实现人力资源本土化是非常重要的策略之一。

一、中亚中资企业现状①

（一）企业经营性质

我们选取的 20 余家大型中亚中资企业中有 71% 属于民营企业。这些外向型企业在中亚国家建立了不同种类的境外机构，协助总公司在中亚各国开展各项业务。这些外向型企业在境外建立的机构主要以分公司、办事处和合资公司为主，还有一些是属于总公司的下属公司或营销部门（如表 3-5 所示）。

表 3-5　中亚中资企业海外机构的性质

海外机构性质	独资公司	合资公司	分公司	下属公司	营销部门	办事处
比重/%	10	15	35	5	10	25

这些企业设立海外机构的国家，以哈萨克斯坦、吉尔吉斯斯坦和塔吉克斯坦居多，乌兹别克斯坦和土库曼斯坦次之，这和国家西部大开发战略部署以及核心区近几年来与中亚五国积极拓展商贸合作关系是分不开的。具体分布见表 3-6。

表 3-6　中亚中资企业设立海外机构的国家分布

海外机构国家分布	哈萨克斯坦	吉尔吉斯斯坦	塔吉克斯坦	乌兹别克斯坦	土库曼斯坦
个数	4	7	4	2	2

（二）企业主要业务类型

经过近年来的摸索与发展，核心区与中亚各国的经贸合作已向纵深

---

① 这里的中亚中资企业就是指"一带一路"核心区新疆"走出去"到中亚的企业。由于早期去中亚的中资企业以核心区居多，本文的数据主要是从核心区去中亚的中资企业的数据，不包括其他央企及从其他各省区市赴中亚的企业。时间上选取的是截至 2014 年的数据。

发展，从早期简单的贸易行为发展到现在的投资建厂等综合性的投资行为。中亚中资企业所涉及的业务类型如表 3-7 所示。

表 3-7　中亚中资企业经营的主要业务类型

业务类型	出口加工	资源开发	代理产品贸易出口	投资	房地产	服务行业	电力行业	工程外包建设
比重/%	30	21	14	7	7	7	7	7

二、中亚本土员工现状分析

本研究针对本土员工的问卷共发放 145 份，收回有效问卷 129 份。以下三部分调查的数据中，除去本土员工数量及岗位分布的数据来源于企业人力资源问卷外，其他均来自本土员工的问卷数据。[①]

（一）中亚本土员工的构成

1. 基本情况

在参与问卷调查的中亚本土员工中，年龄在 21～29 岁的占 65 %，30～39 岁的占 35 %，总体年龄呈年轻化；其中男性为 60 %，女性为 40 %；具有大学本科学历的员工占 38 %，等同于中国大专学历的占 47 %，高中学历的占 12 %，研究生学历的占 3 %，学历的总体水平一般。

1.1　所学专业分布

这些本土员工所学的专业分布比较广，其中以"经济管理"专业居多，其次为"机械工程"和"市场营销"，"汉语教育"只占 10 %（具体的专业分布如表 3-8 所示），而我们在对新疆高校留学生毕业生所学专业的调查中发现，留学生毕业生学习"汉语教育"专业的比例达到 55 %，二者之间差距较大。

表 3-8　本土员工所学专业分布

所学专业分布	金融	机械工程	数学	经济管理	市场营销	英语	技术类	汉语言文学	法律	汉语教育
比重/%	13	10	3	19	10	6	6	13	10	10

① 为了提高数据的准确度，"本土员工的数量及岗位分布"部分的调查设计在了对企业人力资源部的调查问卷中。

在岗中亚员工除了自己的所学专业外,一般还掌握其他的技能,其中 40 % 的员工会 "计算机",7 % 的员工会 "机械维修",会 "驾驶" 的占到 14 %,另有 10 % 的员工选择了 "烹饪",还有 20 % 的员工会 "语言翻译"。有的本土员工掌握了两种以上所学专业以外的专业技能,为自己提高了职业竞争力。

1.2　在岗员工的汉语水平情况

从调查结果来看,目前在岗中亚本土员工的汉语水平普遍很低,其中通过汉语水平考试(HSK)4 级和 6 级的员工比例加在一起才达到 12 %,汉语听说和读写能力都很差的比例为 58 %(具体情况见表 3-9)。通过与这些本土员工访谈得知,他们中很多人都没有来过中国,也没有学过汉语。在企业里汉语说得好的本土员工职业发展都比较好,这也是很多留学生来中国学习汉语的目的。

表 3-9　本土员工汉语水平情况

汉语水平情况	通过 HSK4 级	通过 HSK6 级	非常好	好	一般	不好
比重/%	5	7	9	12	9	58

1.3　在现在企业工作的时间

在企业工作的时间,有 33 % 的员工选择了 "1 ~ 3 年",有 21 % 的员工工作了 "6 个月 ~ 1 年",另有 16 % 的员工仅仅工作了 "6 个月以内",只有 30 % 的员工工作了 "3 年以上",可以看出本土员工的流动性比较大。造成这一结果与在企业里语言交流上带来的障碍以及企业对于企业文化的培训过少是分不开的。

2. 对企业文化的理解和认同

表 3-10　本土员工对企业文化的认同度

对企业文化的认同度	非常认同	基本认同	不知道	不认同
比重/%	37	33	9	21

如表 3-10 所示,企业里有 21 % 的员工对于企业文化持 "不认同" 的态度,持 "基本认同" 观点的占到 33 %。造成这一现象的原因有很多,其中对于企业文化的培训少是导致这一结果的直接因素。在对企业人

力资源管理的调查中，我们发现，对企业文化的培训内容涉及太少，使得很多员工不理解企业做出的决策，加上语言交流的限制，加大了员工和企业管理层之间的隔阂，久而久之员工就会不认同企业的决定，无法产生对企业的归属感，最终造成人才流失。汉语水平高一些的员工，理解企业文化相对容易，因为在语言交流上不会产生太多障碍，基本可以建立一种相互的认同感。因此，企业很愿意录用会说汉语的本土人才为之工作。

（二）中亚本土员工数量及岗位分布情况

1. 核心区中亚籍员工数量及岗位分布[①]

在所调查外向型企业核心区总公司里的中亚籍员工的数量及分布如表 3-11 所示。

表 3-11　中亚中资企业境内公司中亚员工数量及岗位分布情况

岗位	公司高管	人力资源	法律事务	财务管理	项目负责人	翻译
人数	4	2	4	5	21	30

对企业在境内机构的调查结果显示，中亚籍员工的岗位分布主要集中在"翻译"上。但是，据访谈得知，很多中亚留学生或者企业自己的中亚籍员工在口语方面都还可以胜任，但是在笔译方面却难如人意。企业希望高校能多将有扎实翻译功底的中亚留学生输送到企业中来，对于这样的优秀中亚人才，企业愿意以优厚的条件留住他们。分布比例较大的还有"项目负责人"。据了解，这些项目一般都是外向型企业和中亚某国的合作项目，有的是短期的，有的是长期的，工程做完项目负责人就回国，并不是固定在企业总部工作。在企业总部做"公司高管"和从事"财务管理"的中亚员工比例不高，结合"项目负责人"一项，可以发现中亚中资企业境内机构员工的外向型程度不高，仅限于一些普通职务。造成这一现状的原因有两方面：一方面，中亚员工因为文化差异、思念家人等原因不愿意长期在中国工作；另一方面，企业在为中亚员工办理工作签证、社会保险方面遇到很多问题。通过访谈得知，企业人力资源部门也愿意中亚籍员工

---

① 所调查企业在境内核心区的总公司里也有一些中亚籍的员工，所以我们对此分开进行调查，总结出核心区中亚籍员工的岗位分布情况，为有意向留在外向型企业境内机构工作的留学生毕业生提供参考。为提高数据准确度，关于这一部分的数据来源是设计在企业人力资源部门的问卷中的。

在总部工作,只是受一些制度的限制而不得不放弃。在境内核心区,企业雇用外籍人士任职,需要办理一系列的任职手续,包括办理社会保险,不仅烦琐,办理周期长(有时需要半年以上),而且相关管理部门经常来检查,比较麻烦;此外,工作签证和审核手续也比较难办。所以,除非特别优秀的中亚员工,企业人力资源部不会花费这么大的周折去留用,一般都会推荐给中亚国家的境外机构录用。为解决中亚中资企业境内机构员工外向型程度不高的困境,建议政府适度放宽外籍人士在核心区任职的政策限制,吸引优秀外籍人士留在核心区任职,不断加大中外人才交流的力度。

2. 中亚中资企业本土员工数量及岗位分布

中亚的中资企业的各种机构使用了大量中亚本土员工。调查结果显示,中亚本土员工有 56 % 的岗位是"技术工人",接下来是"营销和售后""翻译"和"项目负责人"等岗位,"财务管理""人力资源"和"公司高管"三项也占有一定比例(如表 3-12 所示)。

表 3-12　中亚中资企业境外机构中亚本土员工数量及岗位分布情况

岗位分布情况	公司高管	营销和售后	翻译	财务管理	法律事务	项目负责人	厨师	司机	人力资源	技术工人
比重/%	2	13	9	4	1	5	3	5	2	56

从表 3-12 中可以看到,技术类岗位占了总数的一半多,这和中亚中资企业主要经营的业务类型是相关的,中亚外贸投资已经由最初的简单外贸交换行为逐渐提高到了技术出口和产出的层面,专业化程度逐渐提高,外向型程度逐步加深。留学生教育部门应及时掌握这一变化,适时培养应用型中亚本土人才,以满足市场潜在的需求,而不仅仅局限在汉语教育方面。

(三)中亚本土员工对企业满意度分析

员工满意度调查有助于培养员工对企业的认同感、归属感,不断增强员工对企业的向心力和凝聚力,还能使员工在民主管理的基础上树立以企业为中心的群体意识,从而在潜意识里对组织集体产生强大的向心力。结合本研究的实际情况,我们选取了企业培训、工作环境、薪资、是否发挥自身作用等几个方面进行了中亚本土员工满意度调查分析,以期发现相关问题，为企业人力资源管理提供参考依据。

表 3-13　　中亚本土员工对企业满意度调查　　　　　单位：%

您对现在工作的环境是否满意	非常满意	比较满意	满意	不满意	非常不满意
	81	9	5	5	—
您是否愿意继续在目前的公司工作	非常愿意	愿意	不知道	不太愿意	非常不愿意
	33	46	21	—	—
您对目前的收入是否满意	非常满意	比较满意	一般	不太满意	非常不满意
	23	19	46	—	12
您认为在目前岗位是否发挥了本人的最大作用	全部作用	大部分作用	一部分作用	基本没发挥	—
	40	49	9	2	—

从表 3-13 可知，中亚中资企业的办公环境比较好，81% 的本土员工都非常满意。对于是否愿意在公司继续工作的问题，有 21% 的员工选择了"不知道"，企业应重视这一部分本土员工，争取找到员工犹豫的原因，最大限度留住人才。对目前收入是否满意一项，有 12% 的本土员工选择了"非常不满意"，并提出希望企业提高报酬的意见，建议相关企业根据实际情况，进行薪酬调整。

表 3-14 显示的是对本土员工希望企业提供的培训内容的调查结果。46% 的本土员工希望企业提供语言技能方面的培训，这项需求企业应给予足够的重视。企业里在岗本土员工的汉语水平大都不是很好，员工又有这样的需求，所以企业应考虑把对本土员工的汉语培训纳入日常培训体系，进行比较系统的汉语培训，这样也利于企业中方管理者和本土员工间更好地沟通，有利于企业发展。

表 3-14 还显示，除了希望企业提供语言技能的培训内容外，本土员工还希望有企业文化的培训，他们对于企业文化的培训需求比例高于业务流程知识和沟通技巧的培训需求，企业对此应加以重视。

表 3-14　　本土员工希望企业提供的培训内容

培训内容	语言技能	产品专业知识	企业文化	业务流程知识	沟通技巧
比重/%	46	20	17	14	3

三、中亚中资企业未来三年对中亚本土员工的需求分析

通过发放问卷和与这 20 余家中亚中资企业人力资源部主管访谈，我们汇总和分析了未来三年这些外向型企业对中亚本土员工数量及工种的需求情况。

（一）对中亚本土员工的数量需求分析

这些外向型企业对中亚本土员工的数量需求如表 3-15 所示。

表 3-15　中亚中资企业未来三年需要本土员工的数量分布

本土员工数量需求	20 名以上	11～20 名	6～10 名	5 名以下	暂无需要
比重/%	43	7	14	29	7

从表 3-15 中可以看出，有 43 % 的企业未来三年内需要 20 名以上中亚本土员工，有 29 % 的企业需要 5 名以下的本土员工，还有 14 % 的企业需要 6 ～ 10 名的本土员工，这些都是企业人力资源部未来招聘本土员工的计划。根据目前我国与中亚各国日益密切的商贸交流和合作的发展态势，未来还会有更多的企业走出国门去海外拓展业务，那时会需要更多的中亚本土员工。

（二）对中亚本土员工工种的需求分析

不同的外向型企业因为自身所经营的业务范围的不同，对中亚本土员工的工种需求也有所不同，主要分为以下几个方面（见表 3-16）。

表 3-16　中亚中资企业未来三年需要本土员工的工种分布

本土员工工种要求	技术类	市场营销类	翻译类	财会类	秘书类	物流类	其他
比重/%	24	21	25	18	4	4	4

从表 3-16 可以看出，未来三年中亚中资企业需要中亚本土员工的工种主要是翻译类、技术类、市场营销类和财会类几种。我们通过对企业人力资源部主管访谈得知，企业急需的是口译和笔译能力都很好的比较专业的翻译类人才，而不是仅仅口语能力强、笔译能力弱的"瘸腿子"。表中"其他"类的主要是经营业务专业性较强的企业，他们除了需要像财会类、翻译类和市场营销类的人才外，还需要具备较强专业技术知识的高层

次人才，像特变电工股份有限公司就需要一些电气工程及其自动化方面的高层次技术人才。

这次在对中亚中资企业进行调研的同时，我们也选择了几家大型国有企业在中亚国家的分公司或者办事处进行了调研。我们从这些大型国有企业驻外机构反馈回来的问卷发现，他们的问卷统计结果和中亚中资企业的问卷统计结果有很大的一致性。另外，对中亚中资企业的调查结果显示，有86％的企业选择了未来三年愿意使用中亚本土员工担任管理岗位的职务，这表明这些企业对于实行人力资源本土化是很重视的。不论是企业里现有的本土员工还是即将进入这些外向型企业的本土员工，只要表现优秀，企业都愿意提供更大的平台供其发展，这对双方都十分有利。

四、外向型企业加强管理，提高对中亚本土人才吸引力的对策建议

（一）注重本土员工的招聘和培养

第一，拓宽对本土人才的招聘途径，加强与高校的联系，走进高校，多了解留学生毕业生的动态；第二，推进企业和有培养中亚留学生资质的各高校之间全面合作，发挥企业资源优势，建立中亚留学生实习基地，联手高校培养对企业有用的复合型人才；第三，选派企业优秀本土员工进入高校接受系统教育，为企业培养后备力量。

（二）加强企业文化的培训

根据前文本土员工对企业培训内容的需求调查结果，员工对企业文化培训的需求比例是比较高的。所以，建议我们的外向型企业重视对企业文化的培训，全面、系统地对本土员工进行培训。这关系到员工对于一个企业认同度的问题，对企业的认同度决定着企业人才流动性的状况，本土人才的流动性大将不利于企业实现人才本土化，最终对企业在国外的生存和发展都有很大的影响。

（三）完善人事管理制度

我们在调查中发现，有的企业在人事管理方面做得不够严谨，有的企业没有和员工签订用工合同，有的企业没有给员工建立人事档案，建议企业应建立完善的企业人事管理制度，在对中亚本土员工的合同签订和档

案管理上制定完整的方案，完善管理制度，保障员工合法权益，提高企业现代化人力资源管理水平。

（四）研究企业留住人才的方法

现代企业之间的竞争更多的是人才的竞争，留住可为企业所用的优秀人才，对于企业提高核心竞争力和长远发展来说是非常重要的，对中亚中资企业来说这也是非常适用的。建议我们的外向型企业可以采取更多样化的方式留住优秀本土人才，不仅仅要有来自物质上的奖励，还要注重员工精神方面的需求，帮助其实现自我发展，最大限度地调动员工积极性。物质与精神两方面的完美结合才可以最大限度地为企业留住人才，实现企业人才本土化。

参考文献

邓新，2016．孔子学院参与"一带一路"建设的方法与途径研究[J]．民族教育研究（4）．

董毓华，2015．中国企业走出去的现状和对语言服务的需求[J]．产业观察（17）．

郭龙生，2012．论国家语言服务[J]．北华大学学报（2）．

胡附，文炼，1982．句子分析漫谈[J]．中国语文（3）．

胡裕树，范晓，1985．试论语法研究的三个平面[J]．新疆师范大学学报（2）．

胡裕树，1981．《现代汉语》（增订本）[M]．上海：上海教育出版社．

李琪，2015．"中亚"所指及其历史演变[J]．新疆师范大学学报（3）．

李现乐，2018．语言服务研究的若干问题思考[J]．云南师范大学学报（2）．

李宇明，2016．语言服务与语言产业[J]．东方翻译（4）．

李宇明，2015．"一带一路"需要语言铺路[N]．人民日报，2015-09-22（7）．

鲁明易，2017．"一带一路"倡议下中资企业"走出去"的语言需求

分析[J]．常熟理工学院学报（5）．①

　　吕叔湘，1999．现代汉语八百词（增订本）[M]．北京：商务印书馆．

　　屈哨兵，2007．语言服务研究论纲[J]．江汉大学学报（6）．

　　屈哨兵，2012．语言服务的概念系统[J]．语言文字应用（1）．

　　沈骑，2016．"一带一路"建设中的语言安全战略[J]．语言战略研究（2）．

　　孙进，2010．文化适应问题研究：西方的理论与模型[J]．北京师范大学学报（5）．

　　王还，1981．《现代汉语八百词》十一本好词典[J]．中国语文（2）．

　　王伟光，2017．当代中国马克思主义的最新理论成果——习近平新时代中国特色社会主义思想学习体会[J]．中国社会科学（12）．

　　王新青，池中华，2015．丝绸之路经济带中亚五国语言状况考察与思考[J]．云南师范大学学报（4）．

　　吴明海，2015．"一带一路"与孔子学院[J]．文化学刊（3）．

　　邢厚媛，2014．中国企业走出去的现状和对语言服务的需求[J]．中国翻译（1）．

　　邢欣，梁云，2016．"一带一路"背景下的中亚国家语言需求[J]．语言战略研究（2）．

　　邢欣，张全生，2016．"一带一路"倡议下的语言需求与语言服务[J]．中国语文（6）．

　　张伯江，2011．从《语法修辞讲话》的写作谈吕叔湘先生的社会责任感[J]．世界文化（12）．

　　张宏莉，2015．中亚国家语言政策及其发展走向分析[J]．新疆社会科学（2）．

　　张磊，2018．"一带一路"视野下的海外中资企业语言需求研究[D]．北京：中国传媒大学．

　　张丽华，申文静，2014．见证矿业专业语言服务的力量[N]．中国矿

---

① 鉴于国家媒体报道中统一用"'一带一路'倡议"的说法，现将早期文章中的部分说法改为"'一带一路'倡议"。

业报，2014-12-30（B01）.

张文，沈骑，2016. 近十年语言服务研究综述[J]. 云南师范大学学报（3）.

赵世举，2012. 从服务内容看语言服务的界定和类型[J]. 北华大学学报（社会科学版）（3）.

赵世举，2015. "一带一路"建设的语言需求及服务对策[J]. 云南师范大学学报（4）.

钟磊，2015. 建设"丝绸之路经济带"背景下投资乌兹别克斯坦的机遇与风险[J]. 对外经贸实务（2）.

周易，秦龙，2016. 少数民族地区服务型政府建设的民族内涵——基于马克思主义公仆观[J]. 贵州民族研究（5）.

第四章
国际中文教育新模式

第一节　中文国际化人才培养模式的转型①

一、"一带一路"对语言人才的渴望

"一带一路"倡议提出以来，得到了国际社会的积极响应和广泛支持，取得了一系列成果。截至 2019 年 10 月底，中国已经同 137 个国家和 30 个国际组织签署 197 份共建"一带一路"合作文件。②联合国大会的重要决议也纳入"一带一路"建设内容。正如习近平主席所说："从亚欧大陆到非洲、美洲、大洋洲，共建'一带一路'为世界经济增长开辟了新空间，为国际贸易和投资搭建了新平台，为完善全球经济治理拓展了新实践，为增进各国民生福祉作出了新贡献，成为共同的机遇之路、繁荣之路。事实证明，共建'一带一路'不仅为世界各国发展提供了新机遇，也为中国开放发展开辟了新天地。"③在"一带一路"建设由"大写意"进入深耕细作、共同绘制精谨细腻的"工笔画"发展阶段之时，国际社会对汉语各类人才的需求也越来越急迫。

在甘肃卫视 2017 年 9 月 11 日的《直通"一带一路"》节目中，中国地震局地球物理研究所研究员高孟潭说："还有一个非常重要的动态就是关于人员的培训。仅仅是中国地震局的系统，近年来就对沿线国家开展了培训班或者是通过联合的研究来有意识地培养当地的技术人才，总人数已经接近 1000 人。"④面对中国企业"走出去"的井喷局面，近年来关于沿线国家国际化人才需求的新闻报道频频见诸报端，涉及的需求领域从"一带一路"实施初期的基础设施建设所需的专业和金融贸易专业发展到现在

---

① 本节在邢欣、宫媛的论文《"一带一路"倡议下的汉语国际化人才培养模式的转型与发展》（《世界汉语教学》2020 年第 1 期）的基础上修改完成。

② 参见新华社北京记者安蓓 11 月 15 日电讯报道《截至 10 月底——中欧班列累计开行近 2 万列》，《人民日报》2019 年 11 月 16 日第 1 版。

③ 参见习近平《齐心开创共建"一带一路"美好未来——在第二届"一带一路"国际合作高峰论坛开幕式上的主旨演讲》，http://www.gov.cn/xinwen/2019-4/26/content-5386544.htm。

④ 参见 2017 年 9 月 11 日 21:30 播出的甘肃卫视新闻专题栏目《直通"一带一路"》中的"深访谈"一节——"一带一路"防震减灾国际合作在行动。

的全方位覆盖，包括高端科技、农业、医学、地理、生物、历史、艺术、体育等各个方面，呈现出多样化特点。"'一带一路'需要语言铺路。"（李宇明，2015）在这些急需的国际化人才培养中，中文教学成为首要的和最基本的语言培养环节，"一带一路"建设中语言人才的培养也成为国际中文教育的重要使命。面对"一带一路"建设对中文国际化人才的渴求，当前的中文国际化人才培养模式显得较为薄弱和单一，急需培养模式的转型和创新发展。

二、新时代中文国际化人才培养的新趋势

（一）新时代语言教育理念的新要求

人工智能、大数据和第 5 代移动通信技术的进步和飞速发展标志着新时代的到来，也引领了新时代语言教育理念的更新。魏晖（2019）提到，新时代是世界进入智能化的时代，智能时代的语言教育将发生深刻变化。优质语言教育是提升语言能力的有效手段，也是认知发展和终身学习的基础。这需要以语言科技为支撑，加快人工智能、虚拟现实技术的应用。我们认为，这种新时代语言教育理念的新要求也应反映在对国际中文教育人才培养上。陆俭明（2018）认为，树立新时代意识，做好语言服务研究，特别是汉语教学应为"一带一路"建设、为构建人类命运共同体服务，这都是汉语服务研究应该关注的问题。冯增俊 等（2018）也提出，中国要实施新时代强国战略，其中一个重要特点是创建新时代强国语言发展体系，推进中文国际化。崔希亮（2018）认为，构筑人类命运共同体离不开汉语国际教育，汉语国际教育要为构筑人类命运共同体服务，要立身中国，放眼世界。

总的来说，新时代最主要的新要求就是国际化语言能力的培养。第一，要适应新时代高科技发展要求，在知识结构上以掌握中文知识为基础，进而以中文为工具，向掌握高科技专业领域知识和国际化知识转变。詹成（2019）在介绍新时代国际组织语言服务人才培养时就提到了语言能力培养的板块模式，包括专业知识板块、管理素养板块、职业文化板块和语服技能板块，以此模式综合培养学生运用多语和双语工作的能力，即工作沟通能力、谈判能力、笔译口译能力、信息收集能力、工具使用能力

等。第二，在培养手段上以人工智能和大数据为依托带动中文的学习，建立起数据化的各种教学平台，以弥补课堂教学的不足。同时加强中文教学中的融媒体教学平台的建设，引进各种多模态视频教学和新媒体教学方式，使学生快速提升中文水平。比如利用网络媒体、电视媒体以及微信、抖音等社交自媒体相结合的融媒体打造中文资源平台和学习平台。第三，建设多样化的中文师资队伍，在教师知识结构和学科储备上注重以中文专业为核心，其他专业为两翼，搭建多层次、多元化的跨学科师资队伍。同时在师资队伍建设中注重深度学习和继续教育，让跨学科变为融学科。其实，目前无论国内留学生中文教学还是海外孔子学院中文教学都已经出现了许多融学科的师资队伍，包括中医学、武术、艺术、理工科等背景的教师或志愿者；国内许多工科、医科院校的留学生教育研究中也都出现了专业领域学科教师对该领域留学生中文学习问题的探讨。在中国知网上已有许多关于医学骨科、儿科、中医中文教学的论述，还有对计算机、建筑、生物、地理等许多领域中文教学的探讨。[1]

（二）"一带一路"倡议实施新进展

随着"一带一路"的不断推进，"五通"建设硕果不断。在政策沟通方面，有一百多个国家和几十个国际组织合作参与，其中有发展中国家，也有发达国家，还有不少发达国家的公司、金融机构。设施联通方面，中老铁路、中泰铁路、雅万高铁、匈塞铁路等扎实推进，瓜达尔港、比雷埃夫斯港、哈利法港等项目进展顺利。截至 2019 年 10 月底，中欧班列累计开行数量已近 2 万列。贸易畅通方面，仅 2019 年 1 至 9 月，我国对沿线国家合计进出口约 9500 亿美元，对沿线国家非金融类直接投资超 100 亿美元。资金融通方面，中国先后与 20 多个沿线国家建立了双边本币互换安排，与 7 个国家建立了人民币清算安排。民心相通方面，在科技交流、教育合作、文化旅游、绿色发展、对外援助等方面取得一系列成果。[2]

上海合作组织前秘书长阿利莫夫博士认为，"一带一路"倡议的八大

---

[1] 中国知网上相关研究有不少，但这些研究文章不是本文参考内容，只是举例说明，所以这里不再一一标注作者和文章。

[2] 参见新华社北京记者安蓓 11 月 15 日电讯报道《中国已与 137 个国家，30 个国际组织签署 197 份"一带一路"合作文件》，http://www.gov.cn/xinwen/2019-11/15/content_5452490.htm。

特征赢得了沿线国家的广泛支持。"一带一路"以"共商、共建、共享"为黄金法则；以互利为基础；促进利益对接；互联互通携手共赢；让区域合作提速升级。此外，"一带一路"开辟机遇窗口，为沿线国家产品出口提供了广阔市场，国际运输通道的建设为收入水平较低的国家吸引直接外国投资开辟了新前景。如哈萨克斯坦积极对接"一带一路"，新增就业岗位 5 万多个；中国政府援建的太阳能电站项目给千万个哈萨克斯坦家庭送去了光明和温暖。"一带一路"还促进文明对话，为维护和发展不同文化、不同文明之间的对话打造良好平台，推动科学、教育、人文合作，促进民间交流。更重要的是，"一带一路"建设为全球提供公共产品，将帮助 4 亿人摆脱贫困；将为全球减贫贡献中国力量和智慧。共建"一带一路"将会开创更美好的世界。[①] 随着沿线国家的队伍不断扩大，朋友圈人数越来越多，所需的中文国际化人才也成倍增长。据介绍，近年来中国企业仅在拉美已经累计创造超过 180 万个就业岗位。[②] 就业带动了中文学习，沿线国家的年轻人中也出现了大量的"中文热"和"留学中国热"的现象。"一带一路"沿线国家的这些新发展使得中文国际化人才培养模式出现新趋势，引发我们对国际中文教育人才培养模式的思考。

（三）国际中文教育的新变化

伴随着中资企业和民企华商"落地开花"，"一带一路"沿线国家的民众越来越意识到，学好中文是机会，也是财富的源泉，因为懂中文更有利于找到工作。中文人才需求的空前高涨为国际中文教育的发展带来新机遇和新挑战，也引发中文教学理念的新变化。

一是国内中文国际化人才培养呈现出留学生人数增多和学历生增多的趋势。据教育部网站公布的统计数据，2018 年共有来自 196 个国家和地区的 492185 名各类外国留学人员在全国 31 个省（区、市）的 1004 所高等院校学习（不包括港、澳、台地区），比 2017 年增加了 3013 人，来华留学生人数稳定增长，"留学中国"正在成为海外留学新品牌。但从学生类别来看，学历生占一半以上，达到 52.44 %；从留学地区的选择来

---

① 参见阿利莫夫《"一带一路"的八大特征》，http://world.people.com.cn/n1/2019/1118/c1002-3146
0588.html。

② 参见新华社墨西哥城 2 月 7 日电，记者闫亮、吴昊《中拉共赢之路跨越太平洋》，https://baijia
hao.baidu.com/s?id=1657952511682918857&wfr=spider&for=pc。

看，除了个别省的区域优势外[①]，主要集中在北京、上海、天津等一线城市和江浙等发达地区。[②]

二是海外国际中文教育从完全依靠孔子学院发展为以孔子学院为主，以沿线国家教育机构辅助教学。据我们在中亚国家的语言调查，除了孔子学院的中文教学之外，许多中小学或高校也开设了中文课程。例如哈萨克斯坦阿拉木图市哈中语言学院就是得到哈国教育部门批准的以中文为主要专业的私立高职大专院校，在中国的"一带一路"倡议与哈萨克斯坦的"光明大道"计划对接的这几年内，学校学习人数猛增至近千人，而后续来中国留学的学生人数也逐年递增，该校同哈国的孔子学院及国内多所大学和国际学校都开展了合作，在办学力量上趋向协同合作化。

三是随着沿线国家对人才需求的不同，中文教学越来越多样化。[③]

四是参与学习的年龄层次也有所变化，既有低龄化倾向又有成人化趋势。李宇明（2018）专门探讨过海外汉语学习者低龄化问题，他指出，近期海外汉语学习者呈现出显著的低龄化趋势，主要原因有两个，既有名人（如富商、政治家等）后代学习中文带来的示范效应，即影响一批人跟风；还有部分国家默许或鼓励中文学习从大学迅速向中小学延伸，如泰国、韩国和俄罗斯等国家。郭熙（2017）谈到低龄化汉语教学的特点，即低龄化教学需要吸引低龄学生的兴趣，抓住他们的心智特点，保持他们兴趣的持久，把他们的汉语学习引向更深层次。我们认为，中文学习成人化趋势的原因主要是随着"一带一路"建设给沿线国家带来的就业岗位越来越多，在就业中需要的岗位中文口语培训也越来越紧迫，带动了大量就业人群学习中文。在这部分成人的中文学习中，更注重的是基本中文知识的普及和简单的岗位中文术语的普及。

---

① 个别省份和地区由于跟部分来华留学生所属国距离较近，人数略多一些，比如辽宁和山东胶东半岛地区的高校吸引了许多韩国留学生。而韩国一直是来华留学生人数最多的国家。

② 参见《2018年来华留学统计》，www.moe.gov.cn/jyb_xwfb/gzdt_gzdt/s5987/201904/t20190412_377692.html。

③ 这部分内容留到本节第三、四部分详述。

三、"一带一路"倡议下培养思路的转变

（一）留学生教育模式转变

中华人民共和国成立初期（1950 年），我国迎来了第一批来华留学生，开启了留学生中文教育的新航程。早期的留学生中文学习主要以中文基础知识为主，以中文的语音、词汇、语法的掌握为目的，培养的是初通中文的人才。之后很长时期，我国的留学生中文教学都是建立在这一基础之上的。而来华学习的留学生大部分也是从零基础开始学习中文的非学历生和少部分中文专业的学历生，在教学中偏向于口语化教学、通识性教学、大众生活化教学。改革开放以后，留学生规模逐步扩大，特别是 21世纪以来，随着留学生规模的加速扩大，来华留学生教育出现了明显的变化。而"一带一路"倡议提出以来，参与的沿线国家越来越多，来华留学生教育模式的转变更加明显。一是有备而来的留学生逐年增加，许多来华留学生在来中国前已经在当地的孔子学院或培训机构接受过一定的中文培训，零基础的学生逐渐减少。特别是随着中国政府各种奖学金的不断增加，而对奖学金生一般都有通过汉语水平考试（HSK）级别的要求，来华留学生大多都已经掌握了基础的中文。在这种情况下，留学生教育向高端化、学历化、精准化、高科技化和专业化转变。曲绍卫 等（2019）在探讨哈萨克斯坦留学生问题时，用数据说明专业结构与经济结构吻合性不强的问题，来华留学生的专业以人文社科为主，占总体规模的 90％，专业类别不适合哈萨克斯坦的产业结构。这一方面导致哈国科技人才短缺，另一方面也导致留学回国人员不能充分就业。这对于国内留学生中文教学是个很大的挑战，不仅需要中文教学师资结构的转变，还需要相关的教材和教学内容的转变。面对这种新局面，留学生中文教学也需要快速跟上时代的发展，在中文国际化人才培养方面尽快改变师资状况、教学模式、教材和教学内容，在跨学科基础上形成联合培养的团队模式。

（二）转向以"一带一路"需求为主的应用型人才培养

"一带一路"建设带动了沿线国家参与"五通"建设的积极性，随着中国企业在沿线国家的发展，以"五通"人才为主的应用型人才的需求大量增长，从早期的能源、基础设施、商贸中文人才的需求发展到全方位、

各行各业的需求。海外中资企业为沿线国家提供了大量的就业岗位，当地就业需要中文的普及，特别是懂行话、术语的当地人员更是得到中资企业的青睐。可以说，以就业为导向的应用型中文人才更加吃香。比如中色镍业在缅甸达贡山镍矿项目建设与运营阶段，极为注重缅籍员工参与企业管理，并坚持教育培训与生产实践相结合，稳步推进企业管理本土化进程。有位入职 4 年的缅籍员工从入职起，就被鼓励学习中文，如今他已经可以熟练地运用中文进行沟通和交流。2018 年 5 月，他作为被选派的 11 名优秀缅籍骨干之一，赴中国进行专业技术培训。截至 2018 年 10 月，已有 60 多名缅籍员工在各级岗位担任管理职务，企业还计划再选派 17 名缅籍骨干赴中国江苏常州职业技术学院参加培训，提高缅籍员工的业务水平，加快缅籍人才梯队的建设。[①]

此外，"一带一路"建设为拉美国家民众提供更多了解中国的机会，形式多样、种类丰富的奖学金和培训不断深化中拉人文交流，更多中国企业来到拉美发展，成为当地民众认识中国的窗口。[②]

在边境口岸，也需要许多懂得农业、食品加工、商品交易、海关关税、财务等专业的应用型中文人才。据媒体报道，在霍尔果斯金亿货场，来来往往的大货车络绎不绝，工人们在监管库前忙着装卸货物。从事果蔬出口生意的霍尔果斯金亿国际贸易（集团）有限公司自 2010 年成立以来，短短 9 年时间，已发展成为年出口 8 万吨以上规模的农产品物流基地，贸易额达到 2.3 亿美元，并开办了装卸、仓储、通关、信息咨询等系列服务。[③]

培养当地人才，造福当地百姓，更好地实现本土化进程，保证当地人民的广泛参与，培训应用型中文人才成为中文海外人才和口岸海关人才培养模式的首选。这也需要大量中文职业技能培训的课程和教材，对中文国际化人才培养来说，也是一个艰难的转型。

---

① 参见《光明日报》驻仰光记者鹿铖《"做一个项目，树一座丰碑"——中企在缅甸履行社会责任带来双赢》，《光明日报》2018 年 10 月 10 日第 12 版。
② 参见《经济参考报》记者倪瑞捷《"一带一路"倡议助中拉合作更进一步》，《经济参考报》2019 年 11 月 25 日第 A03 版。
③ 参见中新网记者李明、安乐 2019 年 11 月 20 日电《前十月新疆霍尔果斯口岸向哈萨克斯坦出口果蔬逾 6 万吨》，www.chinanews.com/cj/2019/11-20/9012537.shtml。

四、人才培养模式的创新和发展

外部的促进必将落实到内部的行动上。"一带一路"的语言需求和新时代智能化的要求促使中文国际化人才培养模式的创新和发展势在必行。这反映在以下几个方面。

（一）从泛化过渡到精准化

泛化是指不分学生的需求和目的，只教中文口语和中文知识的教学模式。泛化教学有利于学生对中文的了解，也有利于学生中文水平的提高和发展，在中文教学中是最基本的要求。在泛化教学中精通中文，需要长期持之以恒的学习和在目的语社会（即中国）的熏陶和浸润。可以说，这需要花费大量的教学成本和学习成本才能做到，这些成本也包括漫长的时间和大量的精力。但对于"一带一路"建设的需求来说，这样的教学和学习成本无论对中资企业还是个人都太高了。对企业来说，时间周期过长让他们等不起；对个人来说，中文学习的目的本来就是尽快就业赚钱，过高的学习经济成本也让他们承担不起。因此，为了能尽快培养出适应"一带一路"需求的中文人才，就要有所舍弃，集中专攻某一方面，进行精准化学习。

精准化是指有针对性、强针对性的教学模式。精准化包括国别针对性、企业针对性、专业针对性等。我们近几年在中亚国家调研时，属地国的几乎所有中资企业负责人和员工都提到目前有针对性的员工中文培训的重要性。如塔吉克斯坦中石油天然气管道公司当时（2015 年底）的党委书记胡宁谈到，苦于缺少适合当地员工的精准化中文培训的教材，中石油自编了这类教材在培训中使用。塔吉克斯坦中铁五局分公司当时（2018年 8 月）的经理许贤慧也谈到，当地员工缺乏基本的工程中文能力，很难跟中方技术人员沟通，应该在中文教学中尽快安排工程中文培训。从总的情况来看，"一带一路"需要精准化的中文教学。

精准化教学至少包括三方面。一是生活口语精准化。按照不同工程项目或商务金融等海外企业或产业园、科技园、自贸区的要求进行口语培训，比如包括与"上班、下班、乘班车、工地、工厂、宿舍、食堂、酒店服务、园区贸易"等情景相关的中文教学。二是与技术相关的普通工种操作等中文词汇和句式培训。比如"启动、下挖、挖掘、铺路、左转、右转、前行、钻机、隧道、钻井"等工程词汇，以及服务业、贸易业等有针对性的词汇句式教学。三是跟安全有关的中文培训。这包括与工程建设相关的安全常识和日常生活中最基本的安全知识等。

（二）从单层次过渡到多层次

多层次是指分不同层次进行中文国际化人才的培养，也就是进一步细化和分类化。由于学习的动机和目的不同，语言需求也有不同层次的要求。总体来说，第一层即最高层次的需求是可以对目的语国家所有方面进行研究的专家，包括国情、国际关系、外交政策、政治经济、法律法规以及文学艺术、文化历史等各个方面。从中文学习来看，就是汉学家和"中国通"人才。第二层是"中文通"人才的需求，这方面的要求只需要精通中文，用中文作为工具来解决交际和交流问题。第三层是初通中文的要求，学中文是为了简单的日常生活交流或简单的工作交流。从不同的需求来看，"中国通"或汉学家人才需求量最小，不是中文教学的主流，也不是通过中文学习就能培养出来的。"中文通"人才虽然是中文教育的目标，但人才培养周期长，对师资的要求高，也不是中文教学的主流。只有初、中级中文人才才是中文教学的主流。根据这一培养理念，可以把中文国际化人才培养细化为以下三个层次。

1. 高层次中文人才培养

"一带一路"沿线国家主要需要以下高层次中文人才。一是外交人才，这些是从事外交工作，跟中国人打交道的中文人才，主要从事使馆和外交部门的工作。这种人才需求量不大，数量基本稳定。二是为企业与属地国搭桥的"中文通"人才，企业看好的除了"中文通"以外，还有这些人才所拥有的企业所需要的良好的社会关系和背景，能够为中资企业在当地的建设和商贸活动的开展起润滑剂的作用。三是中文师资人才及"中国通"人才，这些是了解中国、熟悉中国、能做中文师资的人才。这些人才能够为中国文化的传播服务，能够翻译介绍中国和属地国优秀的文学艺术作品。

通过上述对需求的分析，建议在中文国际化人才的培养中重点进行中文知识的培养，培养对中国国情有深入了解的高层次人才以及能够进行中文教学的师资人才。由于这些人才的需求量不大，同时所需的培养时间较长，对师资的要求较高，建议采取少而精的培养模式，在全国一流大学或水平较高的大学进行"汉学计划"规划和培养。

2. 中级中文人才培养

中级中文人才主要指中文口语能力强并且初通书面语，可以阅读简单中文读物并写作简单文稿的人才。这种人才是沿线国家急需的短平快理想型人才，也是中资企业需求量较多的人才。

对这类人才的培养主要依托几种途径。一是国内非学历教育中文进修培训和速成培训，如北京语言大学汉语进修学院和汉语速成学院的非学历中文教学。二是依托国内各种培训机构或学院的集中援外培训、丝绸之路专项培训等，如北京外国语大学等外交人员中文培训，上海大学等上合组织国际人员中文培训，各个师范院校的中文师资培训以及北京华文学院等院校的商务援外人员培训。三是依托沿线国家的孔子学院、中资企业培训机构、当地语言学院和高校等进行专业速成集中培训等。

3. 初级中文人才培养

这类人才有两种：一种是指以就业为导向的中文学习者，主要的要求就是能在自己国家的中资企业里就业打工，以保障基本生活为主；还有一种是市场商业人员或旅行社导游等。这些中文学习者要求不高，也不需要精深的中文知识，只需要掌握简单的中文问候语、与岗位相关的中文以及在工作中与中国技术人员等进行简单沟通的中文。这类初级中文人才的需求量是非常大的，也是中文教学的主流。

但是，这类人才的培养仅依靠国内普通高校的中文教学恐怕无法实现。因为学校的培养通常需要的周期较长，在此期间国情可能会发生变化，企业的工程建设和开设情况也可能会发生变化。对此，可以采取国内外联合培养和依托工作实践进行教学的方式。联合培养可以依托国内外专业型大学、高等职业学院与企业合作，以相关职业任务为目的开展培训，也可以依托海外孔子学院跟企业合作进行专门培训。而实践性中文教学既可以通过在国内外建立实践基地进行模拟教学和中文实习，也可以在沿线国家的孔子学院建立实践基地培训，或者在企业设立中文业余学校，让员工边打工边学习。

在中亚调研时，我们了解到中亚国家的多所孔子学院都已经开展了大量的中文培训，初级中文知识培训基本都来自孔子学院，中资企业大部分的当地员工都是经过孔子学院培训过的，中资企业也更愿意聘用这些经过培训的、懂中文的当地员工。孔子学院的这些培训在中亚起到了良好的示范效应，既维持了孔子学院自身的可持续发展和深度发展，又带动了当地的中文学习热潮，维护了中国形象。这种以就业为导向的中文教学才是真正符合需要的中文人才的培养模式，也是将来孔子学院和海外培训机构以及职业院校发展的模式。

（三）从通用型过渡到专门化

通用型中文人才多年来一直是中文人才培养的目标。不过，从"一带一路"的需求来看，通用型人才显然不如专业型人才更"解渴"。根据语言调查，在专门化中文上需要的有国情中文、外交中文、经贸中文、科技工程中文、医学中文、师资中文、政策法规中文等。对于专门化中文国际化人才的培养都属于高层次人才培养。我们注意到，近年来来华学历留学生中硕士和博士的数量也在不断增加，这说明高层次专业人才也有一定的需求。对专门化中文人才的培养应该更多依托国内的理工医科类大学以及专门类大学。其实在商务中文专门人才培养上我国的多所财经贸易类大学早就开始并已积累了许多的经验，相关的研究也不少。近年来理工医科类大学也开始了对专门高层次中文人才培养的探索，许多相关专业的教师开始尝试留学生专业中文的教学探索研究。特别是近年来"中医热"带动了中医院校的中文教学模式改革，在专业实习中学中文，在专业课程中学中文已经成为常规的教学方式。随着"一带一路"中欧班列、港口建设的发展和农业、轻工业产品进出口的增长，需要大量懂中文的法律人才和口岸贸易人才，相关领域专门中文人才的培养也更加急迫。在孔子学院和国内相关院校开设集中专业中文培训也是必要的转型之举。

（四）从单一化过渡到多样化

新时代的中文人才培养，应当将新时代的需求和不同国家的特色与中文人才培养结合起来，形成具有特色的多样化人才培养模式。多样化体现在以下几点。一是中文教学目标多样化。以中文交际能力为基础，以就业中文为杠杆，以复合型中文人才为目标，既注重中文知识和交际能力的培养，也注重跨文化交际能力的培养，同时还注重专业中文能力的培养。二是办学模式多样化。鼓励高校实行"走出去"的办学模式，与海外大学联合办学，联合中资企业办学以及注重与孔子学院互动教学。三是拓宽汉语培养培训渠道。实行多渠道、多途径的中文人才培养，包括开展口岸短期商贸中文培训，开设急需的商贸中文课程，开展援外急需专业人才中文培训等，以解决中文人才需求的燃眉之急。四是利用网络高科技平台建立中文学习资源库和学习平台，实现智能化中文教学模式。

　　总的来说，世界经济模式的转变和高科技的大发展，促进了跨越国家的人类命运共同体的构建，以此更好地面对风云突变的局面。在这一背景下，只有更新国际中文教育的理念，进行中文国际化人才培养模式的创新，才能在世界风云诡谲复杂多变之时，做到未雨绸缪，防范风险，并积极应对，使国际中文教育之路行之久远，越走越宽。当前，响应"一带一路"倡议的国家越来越多，"一带一路"发展前景美好，中文国际化人才培养模式的创新显得更加重要。无论是精准化、多层次的培养模式，还是专门化、多元化的培养模式，都有助于更好地为"一带一路"建设服务。

第二节　"丝绸之路经济带"核心区
中文国际化人才培养模式新思考[①]

　　"一带一路"倡议带来世界经济的转变，促进了跨越国家的经济共同体的建立。它并不是一个单向的仅惠及中国的倡议，而是实现双方互利互惠的倡议。越来越多的人认识到"一带一路"经济框架会给沿线各国带来更多的实惠、效益以及更为广阔的发展前景。

　　"一带一路"中的"一带"即"丝绸之路经济带"。"一带一路"倡议的提出，不仅为"丝绸之路经济带"核心区新疆的国际中文教育大发展带来大好机遇，而且必将对核心区国际学生语言教育政策、留学生中文教学

―――――――――
　　① 本节在邢欣、李琰、郭安的论文《"丝绸之路经济带"核心区汉语国际化人才培养探讨》（《国际汉语教学研究》2016 年第 1 期）基础上修改完成。

模式的提升和中文国际推广与传播产生深远的影响。"一带一路"建设的推进对语言人才的培养提出了新的要求。通过对国内外语人才培养模式及中文人才培养模式进行梳理，我们发现现行的语言人才培养模式不能完全满足"一带一路"建设对语言人才的需求，需要发挥核心区区域性优势，形成区域性的人才培养新模式。

一、核心区国际中文教育所面临的问题和挑战

作为"丝绸之路经济带"核心区的新疆，在地理区位上直接和中亚及南亚八国接壤。在语言上，新疆拥有独特的语言优势和语言文化资源，这使得新疆的国际中文教育面临着新的发展，同时也给新疆的中文国际化人才培养带来了新的挑战。

（一）中文国际化人才培养现状

国内中文人才培养已初具规模并形成体系。李泉（2010）指出："围绕对外国人的汉语作为外语或第二语言的教学，已经形成了多层次的学历和非学历教育体系，包括：短期强化教学、长期进修教学、汉语预科教育、汉语本科教育；对外汉语教学方向硕士、博士研究生教育，以培养师资为主的对外汉语本科专业教育、汉语国际教育硕士专业学位教育等。"

在许多沿线国家（如中亚），中文人才培养的现行模式主要是依托当地大学的东方系、中文学校与孔子学院实现的。崔建新（2005）提到，对加拿大中文教学贡献最大的是大学教育和中文学（夜）校。金娅曦（2013）指出，墨西哥开设中文教学的学校是当地大学和孔子学院。崔珏（2015）探讨了俄罗斯中文教学现状，指出俄罗斯中文教学以各大高校的东方系为主。俞松（2015）论述了德国中文传播主要依赖于各大高校和孔子学院。陈记运（2006）探讨了泰国中文教学现状，指出泰国的中文教学以各大高校和中文学校为主。张玲艳（2014）则探讨了尼泊尔中文教学主要依赖于各大高校、孔子学院及孔子课堂。从上述研究可以看出，海外中文教学依托的主要平台是各国高校及孔子学院。

沿线国家与国内的中文人才培养和国际中文教育人才培养的核心和任务基本相同。陆俭明（2015）指出，对外汉语"其核心任务与内容是汉语言文字教学，其出发点和终极目标是让国外愿意学习汉语的学习者学

习、掌握好汉语，培养他们综合运用汉语的能力。因此，汉语教学总的指导思想应该是怎么让一个零起点的外国汉语学习者在最短的时间内能尽快、最好地学习掌握好他希望学的而且是应该学习掌握的汉语"。从国内外汉语教学实践来看，目前中文人才培养都以"语言技能学习+语言学知识+文学知识"为培养内容，以培养语言综合运用能力为主要的培养目标。

（二）新疆外国留学生中文教育现状

改革开放后，中国的外国留学生中文教育事业发展很快，到 20 世纪90 年代已有相当的规模。但由于新疆地处中国的西北边疆，与内地距离遥远，当时来新疆的外国留学生非常少。据徐彦（2013）介绍，到 20 世纪 90 年代末，总共只有 200 名左右外国留学生到新疆学习中文。从 2000年左右到 2006 年，新疆的外国留学生人数逐年递增，保持在千人左右。从 2007 年起，新疆的国际中文教育开始腾飞，一方面人数猛增，2010 年达到 4000 多；另一方面中文的学历教育也开始起步，到 2010 年，留学生中的学历生占到 30 % 以上。"一带一路"倡议开始实施后，新疆由边疆成为"丝绸之路经济带"核心区，国际地位大幅提升，再加上国家对新疆的重视，新疆面貌大变。首府乌鲁木齐高楼林立，市场繁荣，已成为国际化大都市；其他地、县级市也日新月异，许多城市建设都可与内地经济发达地区媲美，为吸引外国留学生创造了良好的条件。另外，新疆与中亚、南亚接壤，在民风习俗和生活习惯上也很接近，这些都使新疆成为这些沿线国家学生留学中国的首选之地。新疆高校近年来也在积极发展中亚的孔子学院，吸收了大量中亚国家的学生在本国学习中文。数据显示，仅2015 年，来新疆的外国留学生就有 6000 多人次，到中亚孔子学院学习的学生达 15000 人次。

新疆的来华留学生中文教育随着留学生规模的扩大和学历层次的提高也不断发展。随着来华留学生人数的增加，以及本科和研究生层次的汉语国际教育专业的增设，在教学内容和教学目标上都需要有专门的专业大纲和规划，同时也需要与国内的对外汉语教学的目标一致，因此，需要一套独立的对外汉语教学体系做支撑。2007 年以后，新疆高校相继成立专门的留学生文化交流学院，中文教学及课程设置等都做了科学规划。

（三）目前存在的问题

1. 培养目标及专业设置较为单一

孔子学院是中文海外传播的主要阵地。按照孔子学院的章程和主要职能，培养的中文人才主要以了解中国国情、了解中国文化、学习中文为目标。而"一带一路"建设所需要的人才不仅要具备以上能力，还需要既懂中文又懂专业。

从"一带一路"建设的推进来看，目前来华留学生所能进入的专业不足以满足"一带一路"发展的需求。"一带一路"所涉及的领域覆盖面较广，包括政策法规、基础建设、医疗卫生、经济贸易、物联流通、互联网技术等。而现在培养的既通晓语言又深入了解专业的复合型人才少之又少，人才的缺乏不仅难以满足"一带一路"建设的需要，甚至可能影响"一带一路"建设的推进。

2. 中文传播的途径和渠道较为单一

从目前中文人才的培养来看，国外主要依托孔子学院和当地高校的中文系或者教研室进行中文教学，国内主要依托各高校留学生语言学习培训专门教学部门进行中文教学。总的来看，中文的传播途径和渠道过于单一，难以满足学生日益多样化的学习需求。因此，可以采取多种方式和手段，可以"千方百计、千军万马"，从而把事业做强做大（李泉，2010）。

美国心理学家托尔曼（Edward C. Tolman）的内外动力相结合的推拉理论（Push and Pull Theory）认为，个体行为是外部环境的刺激与个人内部的信念、期待内外因共同作用的结果（李秀珍，2013）。从语言传播的角度来看，无论是国外的孔子学院还是国内的高校，中文传播的主体都属于拉力一方，是外因，而学生的需求则是推力，是内因。如果仅以拉力方为主，而忽视学生的需求，忽视推力方，中文传播的广度与深度则难以达成。学生需要多长时间的培训，需要在什么地点培训，需要哪些方面、哪些层次的培训，应当是不容忽视的。

3. 资源整合力度不够，未形成合力

从上文讨论的中文传播的途径不难看出，政府在中文传播中起主导作用。在"一带一路"建设推进的过程中，人才的需求量将不断增大，仅靠政府力量推动语言传播远远不够，需要发动社会力量、商业机构、非政府教育机构等。立足"一带一路"建设的人才需求，拓展人才培养路径，构建人才培养模式，整体布局，充分整合、利用已有的社会资源，形成合力，才能多方位、多角度地推进国际中文教育事业的发展，促进"一带一路"倡议落地。

二、中文国际化人才的需求

为尽快了解"丝绸之路经济带"沿线国家中文需求情况，我们在张全生 等（2014）需求分析的基础上，于 2015 年 11 月底赴中亚国家塔吉克斯坦进行考察。在与新疆师范大学合作的塔吉克斯坦国立民族大学孔子学院的协助下，在首都杜尚别进行了采访，采访对象包括中国在当地的企业领导、具有当地语言背景的管理人员、企业办事处工作人员、中国在塔吉克斯坦的留学生、孔子学院师生等，共 39 人，其中企业人员 33 人，其他行业 6 人；采访录音达 800 多分钟。此外，孔子学院学生在杜尚别街头随机发放调查问卷 100 份，回收 87 份。基于采访资料、问卷调查情况以及相关研究，我们对"丝绸之路经济带"沿线国家的中文学习动机与人才需求概要分析如下。

（一）中文学习的动机和需求以就业为主

关于学习中文的动机和需求，我们在问卷中提了两类问题：一是学中文能做什么（可归为中文学习动机），二是去中国的目的（可归为中文学习需求）。通过对调查问卷所得的数据整理、分析，我们发现，无论是中文学习的动机还是去中国的目的都与以后的就业有关。在"学中文能做什么"的选项中，选为以后工作打基础的占 48%，其中"学专业"占 10%，"找工作"占 17%，"做生意"占 21%；剩下的 52% 中只为"学中文"的占 34%，单纯为了"去旅游"的占 18%。由于填写"学中文"的人中大部分已经有工作，如教师、公务员等，也可看作是工作需要。具体情况见图 4-1。

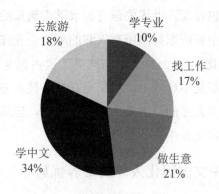

图 4-1　中文学习动机调查结果

在"去中国的目的"的选项中，仍以就业为主，占 62%，其中 19%选择"做翻译"，18%选择"进公司工作"，15%选择"做生意"，10%选择"当老师"；剩余的 38%中，"去中国留学"的占 15%，"交中国朋友"的占 12%，"了解中国文化"的占 11%。因此，我们认为"丝绸之路经济带"沿线国家，特别是中亚国家的中文国际化人才培养要围绕就业来进行。具体情况见图 4-2。

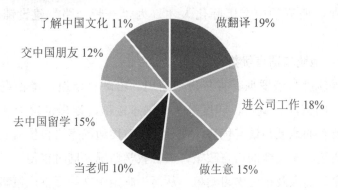

4-2　中文学习需求调查结果

（二）中资企业的发展带动了中亚国家的"中文热"

从 1998 年起，中国境外企业在"丝绸之路经济带"沿线国家增长迅猛，包括许多民企也走进了这一地区。通过对中国商务部网站的数据进行统计可知，截至 2015 年底仅在中亚国家的中资企业就有 898 家。中资企业数量的增长和业务范围的拓宽需要吸纳更多当地员工。在员工招聘时优先选择能用中文进行简单交流的员工，这带动了中亚国家学习中文的热潮。在采访中我们也发现，上述的语言需求落实到最后都是要解决当地的就业问题。例如，中亚国家要求所有入驻的外资企业在人员使用上都必须坚持 2:8 的人员配比，10 个员工中当地员工要占到 8 个。从员工构成来看，中国员工基本都是中层以上，特别是在核心技术方面，所以从语言需求来看，对初级中文人才的需求量大。也就是说，当地员工需要掌握一些基础中文，能在日常工作中进行简单交流。

三、核心区中文国际化人才的培养优势

"一带一路"倡议从三条通道推进，其中一条是经过中国西部，通过中亚到达欧洲。近年来，中国与包括哈萨克斯坦、乌兹别克斯坦、吉尔吉斯斯坦、土库曼斯坦、塔吉克斯坦在内的中亚五国经贸合作步伐加快，在贸易、投资、经济、技术、金融等领域合作成效显著。随着中国与中亚之间贸易关系不断深入，发展空间更加广阔，语言人才需求也不断增长。作为"丝绸之路经济带"核心区的新疆正是"一带一路"西进的要冲所在，在中文国际化人才的培养方面优势明显，应充分发挥新疆自身优势，培养面向中亚、西亚的中文国际化人才，为"一带一路"建设铺好路、搭好桥。

（一）地域与语言优势

中国新疆与俄罗斯、吉尔吉斯斯坦、哈萨克斯坦、塔吉克斯坦、巴基斯坦、阿富汗、蒙古、印度等 8 个国家接壤，地理位置十分重要。借助新疆特有的地域与语言优势，便于开展对周边国家语言生活的调查，便于了解周边国家当地的语言政策、语言教学情况，同时也便于了解周边国家语言学习需求及语言学习动机，从而为制定中文国际推广策略提供数据支持，为中文国际推广的顶层设计提供支撑。

（二）基础科研优势

新疆的高校及社科院等研究机构已展开了语言文化传播研究，内容涵盖中国边疆语言安全、语言的交流与规划、语言国际教育与文化交流、外语教育领域中"关键语言"人才的培养和储备以及中亚语言国情等。这些研究将为了解中亚语言生活，了解中亚政治、经济、文化情况提供路径，为未来中国与"丝绸之路经济带"沿线各国在经济、文化、政治交往

过程中所涉及的语言问题提供相关的建议，为推进我国语言战略的制定与实施提供智库支持。

四、核心区中文国际化人才的培养建议

（一）高层次中文国际化人才培养

根据对塔吉克斯坦的实地考察以及相关研究，我们发现"丝绸之路经济带"沿线国家及中资企业对"中国通"和"中文通"等高层次人才的需求主要集中在以下三类。

1. 外交领域的"中国通"人才

从事外交工作、跟中国人打交道的中文人才，主要从事使馆和外交部门的工作。需求量不大，数量基本稳定。

2. 中文师资与翻译等"中国通"人才

这些人才既包括了解中国、熟悉中国、能做中文师资的人才，也包括"汉学计划"的人才。这些人才能够为中国文化传播服务，能够翻译、介绍中国和沿线国家优秀的文学艺术作品，促进中外深入交流。从走访的国家来看，由于历史的局限性，这样的汉语人才目前是奇缺的，但是需求量并不大。

3. 为企业与属地国搭桥的"中文通"人才

中资企业除了需要精通汉语的"中文通"人才以外，还需要拥有良好的社会关系和相关背景、能够为中资企业在当地的活动起润滑剂作用的中文人才。这些人才需要充分了解中资企业的需求和困难，帮助企业跟属地国的相关部门进行沟通，但并不要求他们精通专业，不需要掌握核心技术。根据上述对人才的实际需求，建议在高层次中文国际化人才的培养方向上进行调整：一是要培养中文通识性人才；二是要培养对中国国情有深入了解的人才；三是要培养能够用中文进行教学、翻译的师资人才和翻译人才。由于这些人才的需求量不大，所需的培养时间长，对师资要求很高，因此建议采取少而精的培养模式，在核心区水平较高的大学中实行"汉学计划"，制定高层次人才培养规划并组织实施。

（二）以就业为导向的初中级中文国际化人才培养

初中级中文人才的需求量是非常大的，但是仅依靠学校专门的培养

恐怕无法实现。学校的培养通常周期较长，在此期间沿线国家国情可能会发生变化，"丝绸之路经济带"的需求也可能会发生变化。而且中亚国家在用工政策上有严格限制，中资企业更愿意聘用懂中文的当地员工，所以以就业为导向的中文人才培养才是真正符合双方需要的培养模式。在中亚国家，初级中文学习多在孔子学院完成。面对中亚国家对初通中文的初中级人才培养的迫切需求，孔子学院作为中外文化交流和中文国际推广的示范者、主力军，未来可以把以就业为导向的中文人才培养作为发展方向，让当地民众看到学中文的前景。

（三）形成具有核心区特色的中文国际化人才培养模式

作为"丝绸之路经济带"核心区的新疆，应当将自身优势与中文国际化人才培养结合起来，形成具有区域特色的人才培养模式。

1. 核心区高校"走出去"的办学模式

张绍杰（2011）指出，我国多所高校已与国外大学建立联系，合作办学。通过合作办学联合培养人才，以满足社会多元需求，利于人才的竞争。就具体情况来看，国外与国内高校建立合作关系的大学多集中在北美和欧洲，而"丝绸之路经济带"所涉及的国家有很多，应加大教育开放的步伐，鼓励各大高校与"丝绸之路经济带"所涉及的国家建立合作关系，培养懂语言、懂专业，了解当地国情、了解中国文化，能为"丝绸之路经济带"建设服务的人才。

从办学形式来看，可以考虑以下两个方面。一是与中亚国家合作办学。中亚国家有与他国合作办学的先例，如吉尔吉斯斯坦的美国-中亚大学、土耳其-玛纳斯大学，哈萨克斯坦的哈萨克-美国大学，塔吉克斯坦的莫斯科大学杜尚别分校、塔吉克-斯拉夫大学等，其办学成果十分明显。在"丝绸之路经济带"建设的过程中，新疆应该利用自身优势，积极联系中国其他省市知名高校，与中亚高校合作办学，主动"走出去"，与中亚各国互学互助，联合培养复合型中文国际化人才。二是联合中资企业办学。新疆各高校可利用自身优势，与进驻中亚国家的大中型中资企业联合办学。中资企业的属地国员工不懂中文，工作效率就会降低，因此需要中文培训。高校与企业联合办学有助于整合学校资源与企业资源，使员工的中文学习与技术应用相结合，加强员工对企业的认同度；根据企业对中文人才的需求，有针对性地开设中文课程，能使中文真正成为沟通的桥梁，发挥其交流工具的功能。

2. 多渠道、多途径的中文人才培养

"丝绸之路经济带"的建设急需中文国际化人才。从语言培训模式看，高校的正规语言人才培养模式难以满足人才需求的缺口。因此培训的承办方除孔子学院和高校外，还应将更多非官方的培训机构、语言文化研究中心等都纳入进来，因地制宜，灵活多样。

3. 口岸短期商贸中文培训

新疆处于祖国的西部边陲，截至 2019 年底，已有各类口岸 20 个，可以利用地理环境的优势，开展多维度、不同层次的语言培训。例如，利用新疆口岸资源，在离口岸较近的城市或县镇开设短期中文培训班。培训课程不仅包括中文技能，还应包括商务课程（简要介绍中国相关政策法规，例如通关政策、商贸政策、物流法规等），满足在口岸工作的当地人既能学习中文又能及时了解中国关于口岸进出口贸易的相关法律法规的需求。

4. 搭建以商贸中文为核心的课程培训平台

以商贸中文为核心的课程培训平台，强调实用性、针对性与开放性，除了开设商贸中文课程外，还可开设诸如法律、旅游、经贸、国际关系等专业中文的选修课，参加培训的学生可以根据个人需求有针对性地选择课程。该平台的建设将学生的就业需求与语言学习结合起来，有利于培养出能够为"丝绸之路经济带"建设服务的中文国际化人才。

第三节　国际中文教育的重要支撑点

"一带一路"倡议提出以来，伴随着中资企业和民企华商"落地开花"，沿线国家正掀起一股"中文热"，当地民众越来越意识到，学好中文是机会，也是财富的源泉，因为懂中文更有利于找到工作。由此带来中文人才的需求空前高涨，国际中文教育也迎来了规模化和模式化的大发展。

在中文教育模式的建立中，重要的支撑点就是中文学习中离不了的几个部分，即中文学习的工具、内容和师资队伍。

一、学习中文离不开好词典

词典是第二语言学习的重要工具，特别是双语词典和多语词典。从国际和国内发行的词典来看，英汉、汉英词典还是主流，占据了词典的主要市场。随着"一带一路"的持续发展，沿线国家队伍不断扩大，到2019年下半年，参与"一带一路"建设的国家已经有100多个，其中涉及的语种也越来越多，既包括使用较多的法语、西班牙语、俄语等，也包括许多非通用语，由此带来了对双语词典的大量需求。目前急需针对沿线国家不同语种的词典，特别是与沿线国家对接的外交国情、政策法规、国际贸易、医疗卫生等多语种双语词典。目前有不少沿线国家的汉学家已经意识到词典的重要性，开始编写出版急需的各个领域的双语词典。如中亚国家塔吉克斯坦的中文学者在当地编写的《汉俄外交词典》已经面世，缓解了目前仍在使用俄语的国家与中国在外交领域中的燃眉之急。

二、学习中文少不了好教材

虽然在国际中文教育中各种教材琳琅满目，但目前针对"一带一路"需求的教材并不很多。从教材角度看，既包括教材的编写，也包括教材的推广和传播。

（一）好教材少不了好故事

好故事不仅有中国的传统文化，也有沿线国家的故事。比如阿凡提的故事在中国流传甚广，我们口中的阿凡提出生在新疆吐鲁番，可是土耳其也有一个阿凡提，乌兹别克人说他出生在当地的布哈拉，阿拉伯人说他出生在巴格达。不管阿凡提出生于何处，在中国、中亚、西亚和阿拉伯人民心中，阿凡提已经成为智慧与欢乐的化身。这样的故事在沿线国家比比皆是。比如吉尔吉斯斯坦伊塞克湖边是中国诗人李白的出生地，可以想象，李白诗歌中一定有着伊塞克湖的影子。再如中国皮影戏沿着丝绸之路传播到伊朗、埃及、土耳其等国家，至今土耳其的皮影艺人们还保留了中国皮影戏的演出形式。还有中国的民间乐器唢呐最早源于波斯、阿拉伯，沿着古丝绸之路流传到中亚和中国，有学者甚至认为"唢呐"一词就是波斯语"surna"的音译。从讲故事的角度进行中文教材编写的新尝试，也是"一带一路"国际中文教育的重要方面，在教中文时首先从学习者熟悉的故事入手，会收到事半功倍的效果。

（二）商务汉语教材的编写策略

"一带一路"更需要一些急需领域的实用教材，比如商务汉语、经济汉语、基础工业汉语、政策法规、海关通关、口岸贸易等方面的教材。这些领域的教材是企业"走出去"进行商贸往来的好帮手。以下以商务汉语教材为例，讨论教材的编写问题。

1. 商务汉语的针对性

1.1 商务汉语的定位

商务汉语属于汉语教学和推广中的专业汉语范畴。对于商务汉语教学来说，应该是在语言教学的基础上，向商务专业教学倾斜。在教材编写和教学实践上，以商务专业的教材为参考，选取一些包含商务专业基本知识介绍的课本或以商务活动为主要内容的课本作为教学内容，使学习者在学会汉语的同时，也能掌握汉语中的商务专业知识表达方法；通过商务汉语的学习，基本了解专业术语、商务专业文体的写作和阅读技巧，提高商务汉语水平。

在这一定位基础上，商务汉语的教学实践应该分为零起点的商务汉语教学实践和有汉语基础的商务汉语教学实践两部分。教材编写亦应与之对应。

零起点商务汉语教学侧重于选取与商务有关的汉语内容进行教学，其中教学内容选取商务知识，而教学侧重与基础汉语教学相同，必须从语音、词汇、语法、文字教学开始，否则将无法达到教学目标。

有汉语基础的商务汉语教学必须全面选取商务专业学习的汉语内容，教学中基本以商务内容为主，介绍商务活动中各种必备的业务知识，如营销汉语、财务汉语、国际贸易汉语、商务案例汉语、商务活动等。而相关的语言内容，如词汇、语法等内容只是作为商务语法的一部分来开展教学，不作为重点教学内容。

1.2 商务汉语在国际中文教育中的地位及发展前景

商务汉语是对外汉语教学中的专业汉语，同旅游汉语、文化教学等属于同一层次。但近年来随着中国经济地位的提高，中国在世界经济领域已有着举足轻重的地位，因此，在学习汉语的人群中，以商务为主要目的的学习者占了主流。由此带来了商务汉语的蓬勃发展，成为对外汉语教学中新的增长点。近年来商务汉语需求加快，教材层出不穷。商务汉语呈现出良好的发展前景，这种迅猛发展的势头使其在国际中文教育中的地位越发显要，也会在以后发挥重要作用。

1.3 商务汉语学习者分析

通过对商务汉语学习者的分析，我们发现，实际上学习商务汉语的人员大致上可以分为三种。一种是来华留学生，这些留学生有一部分原来所学大学专业为商务经济类，他们已掌握了一定的专业知识，其目的主要是为了学习汉语；还有一些是高中毕业来中国学习汉语，想在学习汉语的同时学习一些简单的商务汉语知识，为进一步获得专业学位做准备：其中有些是打算在获得汉语学历后转入商务经济类专业学习（可能回国考取相关专业的学校）；当然还有一些是想通过商务汉语考试，以此取得从事商务职业的资格，这些人是商务汉语的主要学习者。第二种是来中国从事商务活动的外国人，他们的主要目的是学习汉语知识，特别是在商务活动中怎样同中国人进行交际的一些商务常识以及汉语中的特殊表达。第三种是一般的学习者，他们的主要目的是学习汉语，同时加深对中国的了解，特别是中国经济的飞速发展已引起了国际上的高度重视，许多学习者想通过商务汉语的学习了解中国的经济、商务及市场情况。

通过对学习者目的的分析，我们认为，商务汉语教材的定位主要还是语言类教材，不是商务专业教材，不需要对学习者讲授过多过深的专业知识，而是要使学习者通过对商务文体或商务交际常识的学习，达到一定的汉语商务交际和阅读水平，从而可以解决商务活动中的语言问题，并且能够进入商务领域工作。

2. 商务汉语教材中的案例编写构想

汉语教材可以分为"语言技能类教材""语言知识类教材""文化知识类教材""特殊用途语言教材"四类（赵金铭，2005）。这种分类基本体现了第二语言学习教材的不同侧重点。为了适应越来越多的来华留学生和国外商业金融界人士了解和掌握商务专业汉语的需求，同时通过汉语学习了解中国的经济发展情况，我们推出了《商务汉语案例阅读系列教程》，出版了其中的《商务汉语经济案例阅读教程》和《商务汉语广告案例阅读教程》两册。[①] 这套教材的编写具有以下特点。

2.1 课文选取突出案例性

教材编写在语言教学上遵循了功能、结构、文化相结合的原则。从学生接受知识的角度出发，力求依据对外汉语各相关大纲的要求，对话题、功能项目进行选择，对教材的结构进行合理安排；对文化知识、小常识的渗透，也力求做到与课文内容融为一体。与此同时，尽量突出时代气息，使学生所接触到的内容与现实生活合拍。所选内容基本来源于商务经济类杂志、图书和网络，在此基础上略做修改编纂成教材。在案例内容的编排上也基本遵循案例教材的模式，介绍了案例的突出事例和发展，并对案例略做评析，使读者对案例有一个完整的印象。教材的重点放在商务案例上，突出了商务案例的特点，并按照工商管理硕士（MBA）案例教材的编写模式安排课文内容。但在教学环节的安排上以汉语教学为主，兼顾商务专业知识学习。在体例上不再安排语法教学点和语言知识点讲解，而是改为商务知识点。案例具有以下几方面特点。

2.1.1 按商务中的不同目标进行案例分类

在编写阅读教材的过程中，我们将读者定位在中高级汉语水平的群体上，在编写时不再考虑分阶教学，而是采用分类教学的模式。通过对案例的细化，首先编写出经济案例、广告案例。不同内容类别的教材有不同的侧重点。比如经济案例教材主要体现企业的经济活动案例以及与经济相关的企业战略；广告案例教材注重企业或品牌的广告策划和创意，将耳熟能详的广告语作为课文标题，并在内容上和常识介绍上注重广告的故事性、表达方式以及效果。

2.1.2 案例具有典型性

在选取案例时，坚持以具有较大规模并在中国具有较大影响力、企

---

① 这两册教材均由北京大学出版社出版，其中《商务汉语经济案例阅读教程》2006 年出版，《商务汉语广告案例阅读教程》2008 年出版。

业形象良好、案例具有典型特点的文本为取材标准，而不考虑某一个案的突出性。例如有些企业广告很好，但企业已不再有影响力，像"白丽香皂"的"今年二十，明年十八"就不再选取。

在考虑典型性时我们还制定了一些入选标准，即案例中的企业必须是对人类健康有利的企业，而不是最有利润的企业，比如不选取烟酒企业，在广告案例中，虽然许多专业文章都推崇万宝路的广告，但我们还是不予选取。我们还提出了慎选标准，比如慎选食品类企业案例、药品类企业案例、保健品类企业案例以及某些特殊用品类（减肥产品、文胸等）企业案例。

2.1.3 题材具有全面性

在取材时我们还考虑了题材的全面性，尽量扩充到各个行业的典型案例。比如如今汽车广告繁多，尽管案例丰富，但我们只选取其中一个。教材案例中涉及的行业涵盖家电、电脑、运动、饮料、建材、洗涤护肤用品等等。

2.1.4 以中国知名企业为主，兼顾在中国影响很大的跨国企业

在案例选取时我们首选中国自主品牌的企业。比如《商务汉语经济案例阅读教程》中我们全部选取了中国的企业，如联想电脑、同仁堂药业集团、李宁运动系列、红双喜乒乓球拍等。《商务汉语广告案例阅读教程》中，中国企业也占了近一半的比例，像海尔、农夫山泉等。此外，由于在国际化的影响下，有许多在中国具有很大影响力的跨国企业的案例也值得介绍，我们还选取了一些这样的企业，比如雀巢、大众、立邦漆、宝洁等。

2.2 课文内容强调故事性和趣味性

2.2.1 故事性

在案例选取方面，教材注意案例的故事性，基本在每一课讲述一个案例的典型故事。例如在《商务汉语经济案例阅读教程》中，对联想电脑的介绍用了其在河南做产品推销时的一个小故事，讲述案例的发展过程。再如在《商务汉语广告案例阅读教程》中，将广告策划和创意上的一个个小故事串联起来，讲述了广告的深刻之处。例如在立邦漆广告案例中讲述了草原上的"立邦漆处处放光彩"的故事；在大众汽车广告案例中讲述了

小型甲壳虫汽车的广告故事等。

2.2.2　趣味性

在商务案例中，难免会遇到案例专业性太强、比较枯燥、数字统计较多的问题。怎样做到专业和趣味有机地结合到一起，增强课文内容的可读性，使学习者有兴趣读下去，是我们一直在思考的问题。教材在筛选案例时都力图以故事作为案例核心，围绕故事来分析和叙述，尽量将数字和其他专业知识放在背景和小常识中来介绍，同时在趣味性上下功夫。

2.3　词语解释体现新颖性和专业性

商务案例中出现的经济词语和新词语是学习者学习商务汉语的重点和难点，为了让学习者又快又好地掌握这些词语，我们不仅用简单流畅的语言对这些词语进行解释，而且列出了这些词语的常用搭配，从而为学习者学习这些词语提供了一条捷径。考虑到学习者以年轻人为主，在词语解释中我们一方面安排了专业词语解释和多种组合搭配，同时还注意了新词语、流行词语和时尚词语的组合搭配，让学习者对新出现的词语有一个基本的了解。例如：

A. 专业词语：注册　合资　股份

　　　搭配组合：注册——用户注册　公司注册　注册商标　注册资料

　　　　　　　合资——合资企业　合资经营　合资项目　中外合资

　　　　　　　股份——股份转让　股份制

B. 新词语：接轨　淡出

　　　搭配：与国际接轨　淡出演艺界

2.4　内容安排突出扩展性

每本教材共安排 12 篇课文。在内容安排上尽可能扩展出相关的知识背景。按照案例编写原则，将案例内容和分析放在正文里作为主要阅读部分，字数在 1200 字以内；在每课之前安排约 100 字的导语，相当于案例点评；在正文之后安排背景介绍，即案例背景或相关知识链接；之后安排小常识部分，即与案例有关的一些商务常识。生词部分分为两部分：一是课文中的生词，主要根据课文难度和读者的水平选取生词，每课约 20 个生词；二是重点词语解释和搭配，主要选取课文中出现的商务经济类词语和新词语等。最后是阅读练习部分，以课文阅读为主，通过练习强化对课文的理解和对商务汉语案例的掌握。

2.5 课文以真实语料为主

阅读教材是第二语言学习中非常重要的教材，通过对这些教材的学习，学习者基本上能够具有阅读目的语书面文献的能力。在第二语言教学，特别是汉语教学中，最重要的就是阅读能力的培养。因此，阅读教材的编写必须遵循以目的语原文完整作品或语篇为主要课文的原则。无论是商务汉语还是其他汉语阅读教材都应该遵循这一原则，并按照学习者程度的不同将不同难度的作品安排在初级、中级和高级教材中。最好不用完全由汉语教师自编的课文。

三、教好中文更需要好老师

这里的"好老师"既包括中国老师，也包括沿线国家的本土老师。老师属于师资人才范畴，师资人才培养的主要任务是提高教师的教学能力，包括教师的综合素质、语言表达能力、掌握教学内容的能力、组织课堂活动的能力、课堂管理能力等等。当前"一带一路"建设的深入推进对师资人才的培养提出了新的要求。服务于"一带一路"的中文师资培养，不仅需要培养中文和外语能力，更应该注重民心相通的教育和培养，注重师资人才的综合素质培养。

我们认为，好老师的素质应包括以下几点。一是信心。信心包括树立教学环节中的权威和自信，同时也能灵活地调节课堂节奏和氛围。在教学中不一味去讨好学生，而是深信自己有能力教好学生，也深信学生有能力学好中文；深信每一个学生都拥有学好中文的潜力，教师的作用就是挖掘学生的潜力。二是爱心。一个好老师要有爱心，能制造出一种温暖亲密的家庭气氛或者朋友氛围，让学生在爱心的关怀下学习中文。三是童心。对中小学生或低幼学生来讲，学习中文就是在"玩"中学习，教师善于用游戏活动的方法带领学生学习，就会引发学生的学习兴趣和热情，达到理想的学习效果，为学生提供一个生动的学习体验。四是责任心。有责任心的教师抱着对学生负责的态度，会主动钻研教学内容，提高自身的教学水平。好老师要把所有的学生放在心上，要敢于担责。五是开心。用乐观精神完成教学任务会激发自己和学生的兴趣和热情。通过每天讲一个小幽默故事，每天读一则时事新闻，每天聊一个话题，每天说一句问候语等方式营造出快乐的学习氛围，愉快地完成教学任务。

　　吉尔吉斯斯坦奥什国立大学孔子学院以"文化互动、情感交融"的办学理念开展各种民心相通活动，开展"当一个好老师"的活动多年。其中就有家访活动，用家访加深了师生间的感情。此外，在中亚的几所孔子学院还提倡师生互学互助活动，中国老师学习所在国家的文化艺术并加以展示，深受当地群众欢迎；而本土老师也对中国的书法、武术、京剧产生兴趣，成为"中国迷"。

第四节　哈萨克斯坦文字拉丁化改革对中文教学与文化交流的积极影响[①]

　　哈萨克斯坦是"一带一路"倡议涉及的最重要国家之一。2013 年 9 月 7 日，中国国家主席习近平在哈萨克斯坦首都阿斯塔纳著名的纳扎尔巴耶夫大学发表演讲时首次提到了"一带一路"倡议的设想。习近平主席指出："为了使我们欧亚各国经济联系更加紧密、相互合作更加深入、发展空间更加广阔，我们可以用创新的合作模式，共同建设'丝绸之路经济带'。这是一项造福沿途各国人民的大事业。我们可从以下几个方面先做起来，以点带面，从线到片，逐步形成区域大合作。"[②] 在中国提出"一带一路"倡议之后，哈萨克斯坦积极响应，2014 年初，首任总统纳扎尔巴耶夫在国情咨文中以《光明大道——通往未来之路》[③] 为标题呼应中国的"一带一路"；之后，纳扎尔巴耶夫在 2015 年 4 月 16 日会见中国驻哈大使张汉晖时称中国"一带一路"倡议与哈"光明大道"计划有众多契合

---

　　① 本节在纳比坚·穆哈穆德罕、邢欣、努尔哈力·阿不都拉肯的论文《哈萨克斯坦文字拉丁化改革对汉语教学与文化交流的积极影响》(《海外华文教育》2018 年第 4 期) 基础上修改完成。

　　② 参见习近平《弘扬人民友谊　共创美好未来——在纳扎尔巴耶夫大学的演讲》，2013 年 9 月 7 日新华社报道，http://www.xinhuanet.com/politics/2013-09/08/c_117273079.htm。

　　③ 参见哈通社阿斯塔纳 11 月 13 日电《纳扎尔巴耶夫总统发表〈光明大道——通往未来之路〉国情咨文》，http://www.inform.kz/cn/article_a2716314。

点。① 从"一带一路"倡议实施以来，中国与哈萨克斯坦的友好往来更加密切，全方位合作也全面展开。特别是在文化交流方面近年来更是互通有无，取得了前所未有的进展。在这样的背景下，哈萨克斯坦的新文字改革方案的进一步完善和新版的推出，对中文在哈萨克斯坦的推广也有着积极的作用和影响。

一、哈萨克斯坦新文字改革的背景

哈萨克斯坦的国语是哈萨克语。在历史上，哈萨克人曾使用过各种文字，20 世纪 20 年代之前使用阿拉伯字母，20 世纪 20 至 40 年代改为拉丁字母，从 40 年代起改用与俄文相同的斯拉夫字母或称西里尔字母（参见吴宏伟，1999；海力古丽·尼牙孜 等，2017）。

哈萨克斯坦共和国文字改革问题于 2012 年 12 月 14 日正式提出。在 2012 年度国情咨文中，首任总统纳扎尔巴耶夫明确提出了哈萨克文拉丁化改革的设想，并将改革完成期限定为 2025 年。纳扎尔巴耶夫于 2017 年 4 月 12 日在哈萨克斯坦《主权哈萨克斯坦》报上发表署名文章，阐述了哈萨克语文字改革的意义、作用和影响，提出了制定文字改革进度表的要求。因此哈国政府制定了文字改革进程表，从 2018 年开始培训拉丁文字推广人员和编写拉丁文字中学教材，要在 2025 年之前完成改革，并启动了由西里尔字母向拉丁字母改革的工作②。从此哈萨克斯坦舆论界对文字改革问题展开了热烈的讨论，并发表了大量赞成文字改革和反对文字改革的文章。大部分人认为，哈国文字改革是由俄文字母回归到拉丁字母，这样会使哈萨克文字更加精练。其好处有以下几点。一是可以省略从俄语中引进的但与哈萨克语发音规律不相符合的字母，比如：Ёё=йо（io），Йй=и краткое（短 i，类似于国际音标中的[j]），Ъъ=твёрдый знак（硬音符号），Цц=цэ（ce），Щщ=ща（xia），Ъъ=твёрдый знак（硬音符号），Ьь=мягкий знак（软音符号），Ээ=э（e），Юю=йу（ju，即 U 的发音），Яя=йа（ya）等，从而使哈萨克语音回归到自身的自然发音规律。二是使

---

① 参见中新社阿斯塔纳 4 月 15 日电《哈总统称"一带一路"与"光明大道"有众多契合点》，https://www.chinanews.com.cn/gj/2015/04-16/7210571.shtml.

② 参见《主权哈萨克斯坦》报（*Egemen Qazaqstan*）2017 年 4 月 12 日。

用拉丁字母是哈萨克社会发展的需要。哈萨克斯坦于 20 世纪 90 年代建国以来，由于国际文化交流加速，社会中出现了许多使用拉丁字母文字系统的语言，比如英语、土耳其语等。在现实社会生活中年轻人使用拉丁字母的情况已经出现，而且许多新词语也都使用拉丁字母拼写。如"手机、发短信、电脑、护照、汽车牌照"等都用拉丁字母在拼写。三是信息化和新技术的发展需要哈萨克语文字拉丁化改革，比如计算机上的键盘都是由拉丁字母组成的。所以拉丁化改革是更好地适应科技时代要求的改革，是实现文字信息现代化，尽快融入世界、振兴民族精神的一大工程。不过，持反对意见的人担心哈萨克斯坦仓促推进国语文字拉丁化改革，将会导致社会文化"断层"，阻碍历史文化传承，出现教育水平下降等问题[①]。但这些担心其实完全可以借鉴其他国家文字改革的经验来妥善处理，比如借鉴中国汉字简化字改革的经验。

二、哈萨克语文字拉丁化改革对学习中文起到的促进作用

我们认为哈萨克斯坦国语文字的拉丁化改革是积极的、进步的，也是哈萨克斯坦适应工业化、信息化时代的必然选择。因为当代世界以拉丁字母交流的信息总量达 75％，所以哈萨克人使用拉丁字母必将促进哈国信息化的进程，必将推动世界文化交流，特别是对中文教学和哈中文化交流事业产生积极影响。

在当今哈萨克斯坦的外语教学中，中文成为很重要的语种之一。由于哈中关系的全面发展和不断提升，哈萨克斯坦人学中文方兴未艾，据最新统计，到中国学习中文的哈萨克斯坦留学生的总人数已超过 1.3 万人。[②]

近 30 年来，哈萨克斯坦的各重点大学都先后开设了中文课，有些私立大学和公共外语教学中心也开始了中文教学，此外还有 5 所孔子学院在进行有效的中文教学。所以说，在哈萨克斯坦外语教学中，中文是正在快速发展的一门新语种课程。

从哈萨克斯坦的中文教学历史来看，系统的中文教学开设时间并不

---

① 参见《图尔舒克日报》（*Turkistan*），2017 年 10 月 21 日。
② 参见卢山冰、王静主编《哈萨克斯坦蓝皮书：哈萨克斯坦发展报告（2021）》，社科文献出版社 2022 年版。

长。阿里-法拉比哈萨克国立大学东方学系于 1989 年开设了中文课，是
哈国最早开设中文课程的高校。最初学校教师借助苏联中文教科书授课，
由于俄语字母的读音和哈萨克语字母读音不对应等原因，教学异常困难。
例如：Aa=a（a），Бб=бэ（be），Вв=вэ（ve），Гг=гэ（ge），Дд=дэ
（de），Ee= йэ（ie），Ёё=йо（io），Жж=жэ（re），Зз=зэ（s/这里的 s 是 r
的不翘舌音/e），Ии=и（i），Йй=и краткое（短 i，类似于国际音标中的
[j]），Кк=ка（ka），Лл=эл（el），Мм=эм（em），Нн=эн（en），Oo=o
（o），Пп=пэ（pe），Рр=эр（eler（音）），Сс=эс（es），Тт=тэ（te），Уу=y
（u），Фф=эф（ef），Xx=xa（ha），Цц=цэ（c），Чч= че（chie），Шш=ша
（sha），Щщ=ща（xia），Ъъ=твёрдый знак（硬音符号），Ыы=ы（er-ei），
Ьь=мягкий знак（软音符号），Ээ=э（e），Юю=йу（ju，即 U 的发音），
Яя=йа（ya）。① 因为多数辅音的颚音化，俄语显得很独特，虽然/k/，
/g/，/x/确实有颚音化的音位变体[kʲ]，[gʲ]，[xʲ]，只有/kʲ/能被当成音
素，但仍很模糊，通常不被当作独立的音素②。颚音化的意思是发辅音前
和发音的时候升起舌头的中部，在发/tʲ/和/dʲ/的情况下，将舌头升起直
到能够产生轻微的摩擦（塞擦音）。以下这些俄语音素中，/t/，/d/，/ts/，/s/，
/z/，/n/和/rʲ/都是齿音，发音的时候用舌尖顶住牙齿而不是齿槽部分。

　　总的来说，俄语语音不适合于哈萨克语的语音特点。俄语的中文教
材有早已形成的拼写中文的规范系统，但由于哈萨克语语音系统完全不同
于俄语语音系统，因此用俄语的中文教科书教出来的哈萨克人，其中文口
语很不标准，而且按照俄语的拼写法拼写的中文专有名词、术语也很不准
确，影响哈萨克语的中文教学和翻译质量。当然，近年来哈萨克斯坦虽然
使用由中国出版的中文教材，但仍然在使用俄语西里尔字母的拼写法
（努·阿勒达别克 等，2014）。

　　由于中文注音使用拼音系统，汉语拼音是由拉丁字母拼写的，若哈
萨克人使用拉丁字母，不仅可以准确拼读中文注音，而且可以准确地拼写
中文专有名词和学术术语。所以可以肯定地说，哈萨克人使用拉丁字母对
哈萨克斯坦的中文教学必将起到积极的促进作用。

---

① 括号内的是哈萨克语拉丁字母转写。
② 唯一的反例是最小组合"это ткёт"/"этот кот"。

三、哈萨克语文字拉丁化改革对准确翻译中文典籍文献起到助推作用

自从哈萨克斯坦独立以来，哈中文化交流发展迅速，大量的中国经典文献和文学艺术书籍已经翻译成哈萨克文在哈萨克斯坦出版发行，这对哈萨克斯坦人民了解中国，以及构建中国形象起到了很好的桥梁作用，也有助于中国政府"一带一路"倡议的深入人心。不过我们注意到，在翻译这些经典文献时也存在着中文专有名词和术语的哈萨克语译文拼写法不规范的问题。

中国文献的哈萨克文翻译版本有两种，即中国哈萨克语翻译版本和哈萨克斯坦的翻译版本。两种翻译版本的专有名词的翻译拼写法截然不同。中国哈萨克语翻译版本都采用音译转写法来写专有名词（沙尼亚，2014）。目前哈萨克斯坦的译本中专有名词的拼写法也是有两种：一种是俄语语音拼写法，另一种是使用音（音+意）译转写法。这种现象不仅影响着翻译质量，而且造成理解上的困难。中国的哈萨克族几乎把全部中国历史上的经典文学和当代文学代表作都翻译成了哈萨克文，并在中国出版（用的是阿拉伯字母的哈萨克文）；并且把《二十四史》中有关哈萨克族历史的记载也都翻译成哈萨克文并出版发行（四卷本）。中国的哈萨克语翻译文本把文学作品中的地名、人名等专有名词按照现代中国国家通用语言文字的语音直接音译过来，而把《二十四史》中有关哈萨克族历史记载中的人名、地名等专有名词按照古文的音译翻译过来（黄中祥，2002）。

在哈萨克斯坦，中文书籍的哈萨克文翻译是哈萨克斯坦独立后开始的，近10多年来哈萨克斯坦国立科学院东方学研究所选译了中国史籍中有关哈萨克斯坦历史的记载，目前已经出版了六卷本。在翻译文本中，书名、人名、地名、部族名称都是按照俄语的汉语语音拼写法转写的。夏德曼·阿合买提主编的《乌孙史研究文献选译》[①]等书籍的专有名词是用现代汉语拼音拼写的。其他相关学术著作中引用的汉文史料里的专有名词既有按俄语拼写法转写的，也有用哈萨克语把现代汉语语音直接音译的。

---

① 该书是汉哈对照版本，由夏德曼·阿合买提编译，新疆人民出版社 2005 年出版。

　　由于哈萨克语文字中尚未形成中文名词的拼写规则，所以翻译人员在翻译中文借词时比较随意，有些人采用按俄语拼写法转写的专有名词，还有人用现代汉语的拼音规则拼写，结果造成中文书籍的哈译本专有名词混乱的现象，这极大地影响了对原著的理解，也影响了译本的文化和学术价值。具体举例如表 4-1 所示。

表 4-1　专有名词的三种拼写法

汉字	汉语拼音	哈萨克语 拉丁字母	俄文拼写	西里尔字母 哈语音译转写
毛泽东	Mao Zedong	May Zedong	Мау Цзэдун	Мау Зыдұң
邓小平	Deng Xiaoping	Deng Xiaoping	Дэн Сяопин	Дың Шияупиң
胡锦涛	Hu Jintao	Hu Jintao	Ху Цзиньтао	Ху Жинтау
习近平	Xi Jinping	Xi Jinping	Си Цзиньпин	Ши Жинпиң
李白	Li Bai	Li Bai	Ли Бо	Ли Бай
白居易	Bai Juyi	Bai Juyi	Бай-Цзуйи	Бай Жүйи
鲁迅	Lu Xun	Lu Xun	Лу Синь	Лу Шүн
巴金	Ba Jin	Ba Jin	Ба Цзинь[6]	Ба Жин
北京	Beijing	Beijing	Пекин[6]	Бейжиң
南京	Nanjing	Nanjing	Нанькинь	Нанжиң
广州	Guangzhou	Guangzhou	Гуанчжоу	Гуаңжоу
新疆	Xinjiang	Xinjiang	Синьцзян	Шынжаң
史记	Shiji	Shi ji	Ши цзи	Шыжи
汉书	Hanshu	Han shy	Ханьшу	Ханшу
后汉书	Houhanshu	Hou han shy	Хоу хань шу	Хоу ханшу
三国志	Sanguozhi	San guo zhi	Sан гочжи	Сан гожы
晋书	Jinshu	Jin shy	Цзинь шу	Жин шу
宋书	Songshu	Song shu	Сун шу	Суң шу
南齐书	Nanqishu	Nan qi shy	Наньчи шу	Нан чишу
梁书	Liangshu	Liang shy	Лян шу	Лияң шу
陈书	Chenshu	Chen shy	Чэньшу	Чын шу
魏书	Weishu	Wei shy	Вэй шу	Уй шу
北齐书	Beiqishu	Bei qi shy	Бей чишу	Бей шу
周书	Zhoushu	Zhou shy	Чжоушу	Жоу шу
隋书	Suishu	Sui shy	Суй шу	Суй шу

续表

汉字	汉语拼音	哈萨克语 拉丁字母	俄文拼写	西里尔字母 哈语音译转写
南史	Nanshi	Nan shi	Нань ши	Нан шы
北史	Beishi	Bei shi	Бей ши	Бей шы
旧唐书	Jiutangshu	Jiu tang shy	Цзю тан шу	Жиу таңшу
新唐书	Xintangshu	Xin tang shy	Син тан шу	Шин таңшу
旧五代史	Jiuwudaishi	Jiu wu dai shi	Цзю у дай ши	Жиу удайшы
新五代史	Xinwudaishi	Xin wu dai shi	Син у дай ши	Шин удайшы
宋史	Songshi	Song shi	Сун ши	Суң шы
辽史	Liaoshi	Liao shi	Лиао ши	Лияу шы
金史	Jinshi	Jin shi	Цзин ши	Жин шы
元史	Yuanshi	Yuan shi	Юань ши	Юан шы
明史	Mingshi	Ming shi	Мин ши	Миң шы
西域传	Xiyu Zhuan	Xi yu zhuan	Сиюй цзэн	Ши үйжуан
高车传	Gaoche Zhuan	Gao che zhuan	Гао чэ　цзэн	Гау шыжуан
铁勒传	Tiele Zhuan	Tie le zhuan	Телэ цзэн	Тие лужуан
回鹘传	Huihu Zhuan	Hui hu zhuan	Хуэ хэ цзэн (Хуэйхэ) баяны	Хүй хыжуан
大唐西域记	Datang Xiyuji	Da tang xi yu ji	Да тан Сиюй цзи	Да таң шиүйжи
杜环 《经行记》	Du Huan 《Jingxingji》	Du huan <Jing xing ji>	Ду Хуань Си син цзи	Ду Хуан жиң шиңжи
贾耽 《四道记》	Jia Dan 《Sidaoji》	Jia dan <Si dao ji>	Цзя Дан сы дао цзи	Жия Дан сыдаужи
西游记	Xiyouji	Xi you ji	Си ю лу	Ши юлу
北使记	Beishiji	Bei shi ji	вэй ши цзи	Бей шыжи
西域行程记	Xiyu Xingchengji	Xi yu xing cheng ji	Сиюй син чэнь цзи	Ши үй шиң чыңжи
西域图志	Xiyu Tuzhi	Xi yu tu zhi	Сиюй ту чжи	Ши юй тужы
西域水道记	Xiyu Shuidaoji	Xi yu shui dao ji	Сиюй шуй дау цзи	Ши юй шуйдаужи
新疆识略	Xinjiang Shilue	Xinjiang shi lue	Синьциян ши люе	Шың жаң шылуе

　　关于上述中国文献中的人名地名等专有名词的翻译问题在哈萨克斯坦曾讨论过多次，但翻译家们各持己见，难以达成共识。在哈萨克语拉丁

字母改革后，这个问题就比较容易解决了。哈萨克斯坦即将要使用拉丁字母，在遇到中国文献翻译成哈萨克语时，只要把中文中的专有名词按照汉语拼音的写法直接转成哈萨克语拉丁字母拼写即可，专有名词的翻译拼写问题也就会自然而然地得到解决。

由此可见，拉丁字母在哈萨克斯坦的哈萨克语文中的全面使用必将促进哈萨克斯坦的中文教学，也会助推中文经典文献的翻译更加科学，从而促进哈中文化交流事业的发展。与此同时，拉丁字母的使用也必将进一步促进哈萨克斯坦的学术发展和科技语言的规范化进程，也将进一步推动"一带一路"沿线国家之间的文化交流，促进共同进步。

参考文献

陈记运，2006．泰国汉语教学现状[J]．世界汉语教学（3）．

崔建新，2005．从加拿大汉语教学现状看海外汉语教学[J]．汉语学习（6）．

崔希亮，2018．汉语国际教育与人类命运共同体[J]．世界汉语教学（4）．

崔珏，2015．当代俄罗斯汉语教学现状[J]．开封教育学院学报（4）．

冯增俊，姚侃，2018．比较教育视角下新时代中国语言教育政策的战略走向[J]．比较教育研究（2）．

郭熙，2017．汉语热该如何延续？[N]．光明日报，2017-06-18（12）．

海力古丽·尼牙孜，田成鹏，2017．哈萨克斯坦国语文字拉丁化改革规划：动因与影响[J]．新疆大学学报（2）．

黄中祥，2002．哈萨克语中的汉语词——兼谈文化接触和双语现象[J]．满语研究（1）．

金娅曦，2013．墨西哥汉语教学现状与反思[J]．云南师范大学学报（对外汉语教学与研究版）（6）．

李泉，2010．国际汉语教学学科建设若干问题[J]．语言文字应用

（2）.

李秀珍，2013．论推拉理论在国际学生流动领域的重构——基于内外因互动的视角[J]．洛阳师范学院学报（3）.

李宇明，2015．"一带一路"需要语言铺路[N]．人民日报，2015-09-22（7）.

李宇明，2018．海外汉语学习者低龄化的思考[J]．世界汉语教学（3）.

陆俭明，2015．汉语国际教育与中华文化国际传播[J]．同济大学学报（社会科学版）（2）.

陆俭明，2018．树立"新时代"意识做好语言服务研究[J]．中国语言战略（1）.

努·阿勒达别克，阿·图尔甘拜，2014．新疆历史[M]．阿拉木图：阿里-法拉比哈萨克国立大学出版社.

曲绍卫，娜兹姆，2019．中哈两国留学生教育及深度合作的战略思考[J]．比较教育研究（4）.

沙尼亚，2014．浅谈汉哈新词术语翻译的规范化问题[J]．民族翻译（4）.

王忠义，1998．向背互参，相辅相成[J]．中小学英语教学与研究（1）.

魏晖，2019．新时代的语言教育管理[J]．语言文字应用（1）.

吴宏伟，1999．哈萨克斯坦共和国的文字改革[J]．语言与翻译（1）.

邢欣，张全生，2016．"一带一路"倡议下的语言需求与语言服务[J]．中国语文（6）.

邢欣，宫媛，2020．"一带一路"倡议下的汉语国际化人才培养模式的转型与发展[J]．世界汉语教学（1）.

邢欣，李琰，郭安，2016．"丝绸之路经济带"核心区汉语国际化人才培养探讨[J]．国际汉语教学研究（1）.

徐彦，2013．新疆来华留学生教育的发展机遇与挑战[J]．时代文学（上半月）（2）.

俞松，2015．德国汉语教学现状分析研究[J]．湖北函授大学学报（19）．

詹成，2019．新时代国际组织语言服务人才培养的理念与实践[J]．研究生教育研究（5）．

张玲艳，2014．尼泊尔汉语教学现状探析[J]．当代继续教育（2）．

张全生，赵雪梦，2014．新疆外向型企业对中亚本土人才的需求分析[J]．新疆社会科学（4）．

张绍杰，2011．扩大教育开放给外语教育带来的机遇和挑战——兼论外语人才培养[J]．中国外语（3）．

赵金铭，2005．对外汉语教学概论[M]．北京：商务印书馆．

第五章
民心相通新融合

　　"一带一路"倡议的提出加快了中国"走出去"的步伐，在发展中，沿线国家是关键，而民心相通又是"一带一路"成功的基础。在"一带一路"沿线国家中，一路向西，首先进入的国家就是中亚五国，中国与中亚国家的民心相通和新的融合从这里开始。从中国与中亚的关系来看，民心相通有四个方面：一是中国与中亚的关系是民心相通的基础；二是中国与中亚文化和文明的交流发展；三是语言的服务功能和艺术对增进友谊的作用；四是民间往来的形式和内容。

第一节　"一带"连中亚　民心促发展

　　中亚国家主要是苏联解体后从苏联独立出来的五个国家，即哈萨克斯坦、乌兹别克斯坦、吉尔吉斯斯坦、塔吉克斯坦和土库曼斯坦。这五个国家在历史的长河中与中国有着千丝万缕的联系，中亚国家的人民也与中国西北边疆的各民族有着水乳交融的密切关系。吴宏伟（2015）注意到在中亚民族形成过程中占主要角色的古代先民，有一些曾经生活在中国北方地区，后来一部分西迁到中亚甚至更远的地方，说中国与中亚各民族既是近邻也是远亲一点儿也不过分。而中亚在历史上就是多民族地区，各民族在发展中互相联系，互相影响，形成你中有我、我中有你的格局，并在这种环境中形成了现代民族。在形成本民族传统文化的过程中，各民族都注重学习和吸收其他民族优秀的传统文化，博采众长，所以我们在观察不同民族的传统文化时，有时会有似曾相识，但又各具特点的感觉。吴宏伟（2015）的这一观察恰如其分地说明了中亚国家在文化上的共性及其与中国的历史渊源。民心相通的基础来源于这种源源不断的友谊。自从中亚国家独立以来，中国不仅是最早与中亚各国建立外交关系的国家之一，而且始终保持着这种水乳交融的友好关系，从高层频繁互访到"一带一路"倡议首次提出及实施，再到中亚国家的积极回应，都体现出民心相通的紧密联系。比如哈萨克斯坦首任总统纳扎尔巴耶夫就提出以"光明大道"计划来对接"一带一路"倡议。

一、"五通"建设基础在民心相通

"一带一路"倡议提出以来，得到了沿线国家特别是中亚国家的热烈响应。"一带一路"中的"一带"是指"丝绸之路经济带"，其方向是向西通向世界。正如历史上通过西域这个纽带连接东西方的古丝绸之路一样，今天的"丝绸之路经济带"也是一路向西，通过中国的西北地区，连接中亚、南亚、西亚，跨过欧亚大陆，一直连接到世界，共筑新丝绸之路的辉煌。在"一带一路"西行的路上，需要政策沟通、设施联通、贸易畅通、资金融通、民心相通，才能将中国与世界连接在一起。其中"民心相通"是"一带一路"建设的社会根基。不言而喻，跨越各国的"世纪工程"若能获得沿线国家民众的广泛支持，将会顺利得多；反之，则寸步难行。所以，必须通过传承和弘扬古丝绸之路友好合作精神，开展广泛的人文交流，加强媒体合作、旅游合作等多种方式，来增进彼此理解，以共同推进"一带一路"建设。

"国之交在于民相亲，民相亲在于心相通。"只有各国人民之间民心相通，对相互间的语言文化、民间艺术以及文明历史和民俗民风有更深入的了解和接触，才能铺就"一带一路"的民心相通之路，"一带一路"才能畅通无阻。人心的沟通才能带动政策的沟通，政策的沟通才能带动基础设施的沟通。因此，"民心相通"是"一带一路"建设的社会基础和长久保障（郭宪纲 等，2016）。"民心相通，世界大同"，民心相通的深层基础是不同文化的相互了解、相互交流、相互理解和相互融合。只有在了解、交流、理解、融合的基础上，不同国家和地区的人民才有可能产生思想上的共鸣，才有可能在一些重大问题上取得宝贵的共识（刘洁，2016）。

在向西的沿途中，最先进入中国眼帘的是中亚国家。中亚五国在地缘上与中国西北地区相连或接近，在文化和文明上有许多共同的来源，在艺术和民俗上有许多共同的特点，这些多方面的认同使中国与中亚国家心灵相通，相互交融，这样的民心相通将中国与中亚更紧密地连接在一起。

中亚是实现"丝绸之路经济带"互联互通的中心地带，因此推动"丝绸之路经济带"建设将会进一步在不同层次上促进中亚地区的经济发展（何理，2016）。近些年来中亚国家的中资企业发展迅速，截至2021

年底，在中亚运营的中资企业累计达 7700 家。① 这些中资企业在推进中亚各国基础设施建设及经济发展的同时，也把同中亚国家的民心相通当作重大工程一起推进，进而在中亚国家形成积极的中国形象。比如，许多中资企业的员工在中亚国家学习俄语和当地语言以增进与当地人民的感情，许多企业把发展当地文化教育事业当作义不容辞的责任。中亚的孔子学院不仅教授中文，也作为文化交流和传播的桥梁，搭建各种平台，一方面介绍中国传统文化，另一方面又将中亚国家的文化引入中国；还以就业为导向，吸引了大批中亚国家人民学习中文，了解中国，同时也为中资企业培养了大批当地员工。这不仅促进了国家间的文化交流和沟通，也为中亚各国的经济发展做出了贡献。

二、民心相通带动经济发展

近年来，"一带一路"中的民心相通搭建起友谊的桥梁，促进了中资企业与中亚当地企业顺利合作并开展了许多造福当地的工程。我们通过从2015 年下半年开始到 2019 年 7 月底多次去中亚四国的调查访谈了解到，大量的中资企业在当地进行基础设施建设，使当地产生极大变化，受到当地政府和人民的高度重视和热烈欢迎。从铁路工程到水电站、火电厂建设，从道路畅通到当地水泥出口，从绿色食品到工业加工，从自贸区到货物流通，到处都留下了中国企业和中国商贸物流的建设功绩。

我们在塔吉克斯坦的国家博物馆里参观时见到了博物馆收藏的由中国铁路第五局援建的第一条公路隧道——沙尔-沙尔隧道的模型。据中铁五局当时的杜尚别工程处经理许贤慧介绍，这一隧道于 2006 年开工，由中国政府无偿援建，塔吉克斯坦总统拉赫蒙等政府官员参加了开工典礼。拉赫蒙总统在讲话中高度评价中国积极参与塔经济建设，帮助塔国实施多个具有战略意义的重大项目，感谢中国政府和人民给予的巨大支持和宝贵援助，称赞中国为伟大邻邦，是塔国的真正朋友和可靠伙伴。塔国 93％的国土为山地，94％的陆地运输依赖公路交通。沙尔-沙尔隧道作为塔国四大隧道之一，其建成对塔国改善交通落后状况，并入中亚地区公路网，

---

① 参见人民网文章《国际观察：中国同中亚五国的关系进入新时代》，http://baijiahao.baidu.com/s?id=1723019182259846457&wfr=spider&for=pc。

加速当地社会经济发展意义重大。在塔国，中国建设无处不在。中国国家主席习近平 2019 年 6 月 12 日在出席亚洲相互协作与信任措施会议第五次峰会并对塔吉克斯坦共和国进行国事访问前夕，在塔吉克斯坦《人民报》、"霍瓦尔"国家通讯社发表题为《携手共铸中塔友好新辉煌》的署名文章，文中提到："互利共赢使中塔友好充满活力。中塔共建'一带一路'合作走在前列。塔吉克斯坦第一个同中国签署共建'丝绸之路经济带'合作备忘录，成立合作委员会，双方共同实施了一系列具有标志性的大型合作项目。亚湾-瓦赫达特铁路桥隧道的贯通，使塔吉克斯坦南北相隔的铁路变成通途；杜尚别热电厂的建成，让塔吉克斯坦首都冬季缺电成为了历史；中央直辖区 500 千伏输变电线的竣工，提升了塔吉克斯坦北部电网稳定性和安全性。水泥厂、炼油厂、农业纺织产业园、矿业冶炼工业园等项目顺利实施，成为塔吉克斯坦工业化的加速器。中国已成为塔吉克斯坦最大投资来源国和主要贸易伙伴。未来几年，中塔贸易额将突破30 亿美元。实践表明，中塔两国已携手走出一条优势互补、共谋发展、共享繁荣的道路。"① 我们在 2018 年 8 月去塔吉克斯坦调研时，搭乘中铁五局驻当地工程处的便车从首都杜尚别到北部与吉尔吉斯斯坦和乌兹别克斯坦接壤的中亚古城苦盏市，沿途全是险峻的高山，公路蜿蜒盘山上下，其中最长的一段沙赫里斯坦隧道就是中国路桥公司于 2006 年开工，2012年 10 月修建完成的。尽管隧道只有 5 公里多，但已是连通了南北的最长的隧道，由于隧道穿越的高山地质复杂，修建难度极大，招标时不少国家都放弃了。这段公路也是由中国路桥公司重新修出的新公路，相比过去尘土飞扬、坑坑洼洼的旧路，已经好走了很多。此外，据随行的中铁五局公路建设经理张亮介绍，习近平主席提到的亚湾-瓦赫达特铁路桥隧道是由中铁十九局建设的，也是由习近平主席与拉赫蒙总统共同剪彩开通的。我们还专门赶到由中国湖北华新水泥有限公司在苦盏当地建设的第二个水泥厂访问，水泥厂离苦盏市 40 多公里，建在戈壁滩上，水泥厂由最先进的除尘封闭技术设备建设完成，生产优质水泥，不仅满足了塔吉克斯坦的市场需要，而且由于质优价廉，已经出口到阿富汗等国。2015 年底，我们

---

① 参见中国日报网《习近平在塔吉克斯坦媒体发表署名文章（双语全文）》，https://baijiahao.baidu.com/s?id=1636184813269136158&wfr=spider&for=pc。

拜访了塔吉克斯坦的中石油天然气管道公司，通过采访当时的公司党委书记胡宁了解到，中石油在当地的建设解决了许多当地就业问题。当时我们还采访了习近平主席视察过的中水电十六局驻当地的工程处，据当时的经理谢翔飞介绍，他们局在当地修建了公路，正在准备招标格拉夫纳亚水电站技改项目工程。2018年我们再去塔吉克斯坦时，了解到该项目已顺利开工。项目位于瓦赫什河上，已建成50多年，目前的水电站技改项目是中国水电入塔以来承建的第一个能源项目，项目合同于2016年10月25日签订，2016年12月16日开工，计划2021年2月完成技改。水电站技改完成后，一方面能够保证当地居民的用电需求，另一方面可以满足当地农田灌溉的需要。据报道，该项目的首台机组提前于当地时间2018年11月7日并网发电，塔吉克斯坦总理科基尔·拉苏尔佐达等政府官员一行出席格拉夫纳亚水电站技改项目首台机组启动发电仪式。这一项目充分体现了中国水电雄厚的技术实力，提高了中国水电的企业信誉，也为整个中亚区域水电技改市场的开发与拓展发挥了重要作用。[①]

在哈萨克斯坦的三次调研中（2016年7月、2017年7月、2019年7月），我们去了三个中国石油企业，即克孜奥尔达市、阿克托别市和里海边的阿克套市的石油驻地采访，了解到中国石油企业为当地就业创造了良好的机会，带动哈国的学生来中国留学和学习中文。特别是在阿克托别，我们在新疆财经大学与当地朱蒙托夫大学合作建立的孔子学院的中方院长李建宏教授的协助下采访了几家中国石油企业的负责人，了解到石油企业在当地创业的艰辛以及为当地员工创造的良好条件，在当地赢得了信誉。在哈萨克斯坦，还有许多中国企业在默默耕耘，为当地建设贡献力量。走在阿拉木图的大街上，随行的哈中学院院长塔勒哈特指着大街上崭新的公交车和电车说，这些都是中国制造的，作为华人，塔勒哈特院长也为中国的发展感到高兴和自豪。我们还采访了新疆新康食品公司在阿拉木图的分公司，了解到新康生产的番茄酱在当地及中亚等国大受欢迎，经常供不应求，目前不仅在哈国销售，还销售到俄罗斯等国，成了知名的品牌。

---

① 参见陈锦容《塔吉克斯坦总理出席格拉夫纳亚水电站技改项目首台机组发电仪式》，中国电建中国水利水电第十六工程局有限公司网站报道，http://16j.powerchina.cn/art/2018/11/8/art_5174_256100.html。

2016 年 5 月，我们在吉尔吉斯斯坦调研时，在新疆师范大学与当地国立民族大学建立的孔子学院的志愿者老师的陪同下，去托克马克附近的中国河南贵友集团在当地建设的亚洲之星农业公司园区拜访，了解到园区的绿色农业种植和加工技术为当地示范了高质量农业产品的生产流程，给当地带来中国元素和中国影响，也亲眼看到几百名当地农民在园区打工。

在乌兹别克斯坦，我们听塔什干国立东方学院中文系主任萨布哈特教授介绍了中国企业在乌兹别克斯坦的发展以及给乌国经济带来的红利，同时也促进了中文教育的大发展。据她和陪同我的中铁五局驻乌兹别克斯坦办事处代表李斌的介绍，得益于中乌友好关系的发展，以及近几年乌国对外开放经济政策的促动，来乌国发展的中资企业越来越多。其中，中铁隧道工程局承建的安格连-帕普铁路卡姆奇克隧道是"总统一号工程"，给当地带来巨大变化。隧道于 2013 年 9 月 5 日正式开挖，2016 年 2 月 25 日全隧道贯通，用时 900 天，是乌兹别克斯坦有史以来第一条铁路隧道。隧道建成后，老百姓再也不用翻山越岭或者绕行塔吉克斯坦了。卡姆奇克隧道首次将乌国东部与内地和首都塔什干连在一起，隧道贯通大大降低了运输成本，也为乘客节省了时间。卡姆奇克隧道填补了乌兹别克斯坦铁路隧道的空白，19.2 千米的长度，火车穿行整条隧道仅需要 15 分钟，在乌兹别克斯坦乃至整个中亚都排名第一。卡姆奇克隧道有效推动了地区社会经济发展。通过这些鲜活的实例，我们了解到"一带一路"倡议为中亚国家的经济发展带来了实实在在的好处，也看到中亚国家民众对中资企业的佩服与赞赏。

第二节　文化互交流　文明共分享

文化交流是心灵沟通的桥梁，也是人类文明社会得以全面发展和提升的重要纽带，在国际交往中具有不可替代的关键作用。"丝绸之路经济带"沿线的中亚国家是多民族国家，形成了以主体民族为主、以少数民族为辅的多民族格局。据资料显示，哈萨克斯坦民族多达 125 种，乌兹别克斯坦有 120 多种，吉尔吉斯斯坦有 90 多种，塔吉克斯坦有 80 多种，土库曼斯坦有 40 多种（吴宏伟，2015）。这种多民族并存的人文生态环境决定了其文明文化的多样性。同时，由于中亚各国在国策上虽有着一定的相似性，但在具体外交、政治上也存在着差异，不同国家有着不同的经济文化发展水平，这也决定了"丝绸之路经济带"上文化的多样性。但总的来说，由于历史原因，中亚国家在文化上有着高度的相似性。在民俗文化方面也有着水乳交融的共同基础。中亚各国与我国在文化和文明上也有许多共性，这些丰富的文化遗产宝藏构成了文化交流的共同基础，共同的文明有着共同分享的平台。因此，在"一带一路"建设中，这些共同的文化和文明是我国与中亚各国交流的宝贵财富，值得我们和中亚各国共同组成建设团队，做更深入的挖掘和开发。

一、文化合作交流酿新篇

近些年，随着"一带一路"倡议的深入实施，中国在文化合作交流方面对中亚的援建也给当地留下了友谊的种子。2015 年底我们在塔吉克斯坦调研时，跟随塔吉克斯坦国立民族大学孔子学院教师夏冉漫步在首都杜尚别中心的友谊广场上，一座新颖别致的大楼耸立在广场的尽头，这就是国家图书馆新馆。夏冉老师告诉我们，这座图书馆由中国中建新疆建工公司设计修建，于 2012 年落成，图书馆有 9 层，设计为一本打开的书籍，是中亚目前最大的图书馆。据媒体报道，图书馆拥有 25 个阅览室，274 个自动化阅读场所，3 个展厅，展厅内陈列古代手稿和珍本；图书馆配备了现代化科技设备，可以让读者使用现代通信技术获得最新的信息；通过信息资源整合，建立了电子图书馆，确保图书馆资源的获取，并且能够实施其他创新项目，更好地服务于读者。据中新网报道，2013 年图书馆里专门开设了中国厅，里面存放有大量中文文献。中国厅功能很多，可以了解中国方方面面的知识和信息，同时还可以学习中文。这里还可以根据塔国的需要举办各种展览。中国厅就是一扇了解中国、感受中国的窗口，也是增进两国人民相互了解，深化彼此友谊的良好平台。塔吉克斯坦国家图书馆中国厅的开设不仅为塔国人民更好了解中国提供了一个很好的平台，也为增进两国人民间的友谊架起了一条文化走廊。① 我们走进中国厅时，正好赶上孔子学院的王慧娟老师给学生上中文课，学生们纷纷用中文跟我们打招呼。这里充满了浓郁的中国文化气息，整座大厅布置得古色古香，排列着一行行木制中式书架，上边摆放着大量中文文献和教材，在大厅一隅，还有古筝、纸墨笔砚、折扇等中国元素。这些为当地众多热爱中文的孔子学院学生打开了一扇通往中国的大门。2016 年 5 月，我们跟随孔子学院前任院长、当时的新疆师范大学国际文化交流学院副院长邓新老师再次参观了图书馆的中文厅。他告诉我们，这里的中文图书基本上都是塔吉克斯坦国立民族大学孔子学院赠送的，他还主持了 2014 年的赠送仪式并用塔吉克语做了致辞。据我们了解，中建新疆建工还建造了塔吉克斯坦外交部大楼工程，得到了塔国政府的高度评价。除此之外，离友谊广场不远的国家博物馆以及人民公园、国旗旗杆也都是中国公司修建的。在中亚的文化教育援建方面，也处处留下了中国企业的印迹。2016 年 9 月，据驻塔吉克斯坦经商参处发布的消息和塔吉克斯坦通讯社 Avesta（阿维斯塔）的报道，中国新疆特变电工集团于当年第四季度交付 2 所学校。这两所学校分别建于瓦赫达特市和鲁达基地区，根据塔国政府和中国新疆特变电工集团达成的协议，中国公司将在塔国境内负责修建 5 所学校。2016 年 8 月 30 日，塔吉克斯坦总统和中国驻塔大使参加了 5 所学校中第一所学校的交付仪式，该中学位于杜尚别市西诺区 104 小区。按照相关文件规定，5 所学校将于 2017 年底前竣工。这些学校分别位于杜尚别市和瓦赫达特市，以及丹加拉地区、法伊扎巴德地区和鲁达基地区。这 5 所学校建成后共可容纳 4320 名学生。建校项目资金在无偿援助基础上获得，建设资金总额达 8 千万索莫尼。②

　　我们在乌兹别克斯坦调研时，从塔什干国立东方学院中文系主任萨布哈特那里了解到，在锡尔河州有个中国企业在当地建设的鹏盛工业园区，带动了当地经济发展，提高了当地就业率，也提高了当地人民的生活水平，在乌国产生了很大影响。"一带一路"建设的推进，开启了中乌两

---

　　① 参见中新网 1 月 25 日电《塔吉克斯坦国家图书馆举行中国厅启用仪式》，http://www.chinanews.com.cn/hwjy/2013/01-25/4522038.shtml。
　　② 参见塔吉克斯坦通讯社 Avesta（阿维斯塔）2016 年 9 月 5 日报道《中国公司新疆特变电工在塔吉克斯坦将交付两所援建学校》，http://tj.mofcom.gov.cn/article/jmxw/201609/20160901399439.shtml。

国合作的新篇章。由温州市金盛贸易有限公司在乌兹别克斯坦锡尔河州投资创建的鹏盛工业园，便是中国民营资本走进乌兹别克斯坦的成功范例。工业园与中国驻乌使馆共同出资建设了乌中友谊公园，给员工和周边居民提供了一个健身休闲和文化娱乐的场所。公园配备了各种健身器材，还包含中式特色的长廊和建筑。园区还试种了蔬菜提供给当地超市。同时，园区自 2011 年成立至 2017 年，已累计向社会各界捐助近 300 万美元，为带动当地社会发展以及促进中乌友好做出更多贡献。①

　　在哈萨克斯坦的调研中，我们通过阿拉木图市国际哈中语言学院副院长沙吾列老师了解到，他们的许多毕业生都在驻哈中国石油企业工作，在那里不仅解决了工作问题，而且还在技术上得到了公司的许多帮助和培训。据当时驻哈萨克斯坦使馆临时代办孙炜东 2014 年 10 月在哈国《快报》上发表的文章介绍，中石油为当地做了大量公益并注重当地的文化教育等。截至 2013 年底，中石油在哈公益投入累计超过 2.7 亿美元，帮扶孤儿院、养老院等慈善机构，为哈国 80 位二战老兵捐赠住房，每年为上千名孩子举办夏令营，各种善行不胜枚举，获得了哈萨克斯坦企业最佳社会责任总统奖等多个奖项。截至 2014 年 10 月，中石油为哈国创造了 3 万余个工作岗位，为哈国解决就业问题助力；同时利用留学中国奖学金项目、赴中国参观项目等加大支持青年技术人才培养力度，增进两国间的友谊和友好交流。② 我们 2017 年在阿克托别调研时与阿克托别朱蒙托夫大学孔子学院时任院长李建宏教授走访了孙炜东介绍的中石油下属的西部钻探分公司，以及分公司下属的子公司，看到当地员工的食堂饭菜非常丰盛，还有体育锻炼室内外场地，有乒乓球台、篮球场等，员工们待遇很好，也都得到了很好的培训。

　　2016 年 5 月在吉尔吉斯斯坦调研时，我们在吉尔吉斯斯坦国立民族大学孔子学院当时的中方负责老师班振林的带领下跟中资企业负责人以及华人华侨商会的华商们一起外出联欢，见到了当时路桥项目的负责人，了解到他们刚刚交付了由中国政府为吉尔吉斯斯坦比什凯克市援建的一所大

　　① 参见赵深璋《乌兹别克斯坦鹏盛工业园：国际产能合作实现互利共赢》，https://zj.zjol.com.cn/news.html?id=831672。
　　② 参见孙炜东《中哈合作的压舱石，能源丝绸之路的建设者——中石油在哈萨克斯坦》，http://www.scio.gov.cn/m/ztk/wh/slxy/31214/Document/1383044/1383044.htm。

型医院项目，缓解了当地民众就医难的问题。

二、丝路文明共传承

中亚地区是古丝绸之路上的必经之路，也留下了许多人类文明历史上的古迹和遗址。随着"一带一路"建设的推进，中国与中亚国家合作共同开展了多项文化遗迹的修复和抢救工作，为当地的旅游文化开创了合作交流的先河，也带去了先进的文物保护技术，培养了文明建设的技术队伍，让古丝绸之路再次走向辉煌。

这些文物遗址修复项目主要集中在乌兹别克斯坦和塔吉克斯坦。由于这两个国家是古丝绸之路上的重镇，也是古代文明的集中地，在这里留下了大量的古迹遗址，随着时间的流逝，许多古迹已经被岁月侵蚀，被风沙湮没，修复和抢救这些遗迹，就是抢救人类文明。因此，在中国的援助下，科研单位和高校组队赴中亚参加援助项目。据报道，已有中国文化遗产研究院、中国社会科学院考古研究所和西北大学三个单位多次赴中亚进行文物保护修复、文物挖掘整理等项目，取得了重大成果。

据人民网报道，为响应 2013 年习近平主席访问乌兹别克斯坦期间与乌国时任总统卡里莫夫签署的《两国关于进一步发展和深化战略伙伴关系的联合宣言》以及《中乌友好合作条约》的有关要求，2014 年 4 月，中乌双方共同决定在希瓦古城开展历史文化遗迹保护修复合作。该项目由中国文化遗产研究院实施，包括阿米尔·图拉经学院、哈桑·穆拉德库什别吉清真寺本体保护工程以及经学院和清真寺至北门区域环境整治工程。2019 年 12 月 25 日，为期 3 年的中国援助乌兹别克斯坦花剌子模州历史文化遗迹修复项目通过内部竣工验收。中国在乌开展的首个文物保护修复项目圆满完成。①

据新华社 2019 年 11 月 1 日报道，帕米尔高原西侧的费尔干纳盆地，地处古丝绸之路要道，是中亚地区古老的绿洲灌溉农业区，也曾是东西方文化交汇之地。中国古代文献中记载的大宛国就位于这里。2012 年起，中乌双方组成联合考古队，先后 8 次对明铁佩古城遗址进行考古发掘工

---

① 参见人民网努尔苏丹 12 月 28 日电，周翰博《中国援助乌兹别克斯坦历史文化遗迹修复项目通过验收》，http://world.people.com.cn/n1/2019/1230/c1002-31527961.html。

作，逐渐揭开了这座古城的"神秘面纱"。中乌学者共同努力，获取了一大批重要的考古资料。23 岁的安集延国立大学历史系学生索比洛夫，已连续几年利用暑假在中乌考古队实习。他说，中国专家的到来，终于揭开了这座古城的神秘面纱，也让乌国社会各界都认识到保护这座古城的重要性。①

据大公网 2019 年 2 月 24 日报道，"中乌联合考古成果展"在乌兹别克斯坦首都塔什干正式开展。此次展览通过"康居文化的考古发现"和"月氏文化的考古发现"两个单元，展出了一大批丝绸之路考古出土文物，向国际社会展示了中乌考古合作研究的阶段性新成果。从 2009 年开始，中国西北大学王建新教授团队与乌兹别克斯坦的考古学家合作，在西天山地区开展联合考古调查、发掘与研究，寻找西迁中亚的古代月氏人的文化。10 年来中乌联合考古队在开展大范围系统区域考古调查的基础上，获得了一批重要的考古新资料。经过双方考古学家多年来的共同努力，已经初步确认了古代康居和月氏考古学文化遗存的特征及分布范围，在丝绸之路考古研究领域取得了重要的突破和进展。这次"中乌联合考古成果展"在乌兹别克斯坦产生了广泛影响，开幕当日便有大批当地民众进馆参观。而乌方文化和学界多位专家也一致希望，中乌双方今后能继续在文化遗产保护、文物考古等多领域开展交流合作。②

此外，2017 年 10 月，西北大学中亚考古队与塔吉克斯坦国家考古所合作，对塔吉克斯坦南部的贝希肯特谷地进行了调查，从而对公元前 2 世纪至公元 1 世纪北巴克特里亚地区的考古学文化有了整体性的认识。他们在中亚取得的成就得到了习近平主席的赞扬。2016 年 6 月，习近平主席在塔什干接见了中国国家文物局、中国社会科学院考古研究所、西北大学在乌兹别克斯坦开展考古和文物保护的工作人员。2018 年 6 月，国家主席习近平访问乌兹别克斯坦前夕，在乌兹别克斯坦《人民言论报》和"扎洪"通讯社网站发表署名文章《谱写中乌友好新华章》。文章肯定了西北大学对"丝绸之路经济带"建设的积极贡献："中乌都有着悠久历史和

① 参见新华社塔什干 11 月 1 日电，蔡国栋《中乌考古学者揭开中亚传奇古城"神秘面纱"》，http://baijiahao.baidu.com/s?id=1648988022283199100&wfr=spider&for=pc。
② 参见李阳波《"中乌联合考古成果展"在乌兹别克斯坦开展》，大公网报道，http://www.takungpao.com/news/232108/2019/0224/251703.html?from=singlemessage&isappinstalled=0。

灿烂文化。人文交往一直是中乌关系的重要组成部分。近年来，双方在互派留学生、中文教学、地方交往、联合考古、互译文学作品方面合作取得新进展，两国民众友好感情日益深厚。人文合作成为凝聚两国人民情感的纽带。双方合作办学的塔什干孔子学院是中亚第一所孔子学院，11 年来培养了 3000 多名中乌友好使者。中国国家文物局、中国社会科学院、中国西北大学等单位积极同乌方开展联合考古和古迹修复工作，为恢复丝绸之路历史风貌作出了重要努力。"①

第三节　语言搭桥梁　艺术增友谊

语言和艺术是民心相通的基础，也是民心相通最重要的载体和形式。在"一带一路"实施过程中，语言搭建了民心之间的桥梁，艺术构建出人类命运共同体。

一、语言

语言这座桥梁是文化和所有建设的直接载体，承担着文化交流和传播的重任。在"丝绸之路经济带"的建设中，语言也发挥着巨大的作用。我们从 2015 年底至 2019 年 7 月底连续几年赴中亚四个国家调研，走访了多所孔子学院、高等院校和当地的中文语言学院②。我们了解到，中亚国家在历史上就是多元文化和多语种交汇的丝绸之路重要连接点，那里的民族和族群部落众多，各民族和族群部落又长期通婚，无论是家庭语言还是社会生活语言都呈现出多语混杂现象，具备多语能力在中亚民众中是普

---

① 参见新华社北京 6 月 21 日电《习近平在乌兹别克斯坦媒体发表署名文章：谱写中乌友好新华章》，人民日报 2016 年 6 月 22 日第 1 版。

② 走访过的孔子学院包括哈萨克斯坦阿拉木图阿里-法拉比哈萨克国立大学、努尔苏丹市欧亚大学、阿克托别朱巴诺夫大学的 3 所孔子学院；吉尔吉斯斯坦比什凯克国立大学、奥什国立大学的 2 所孔子学院；乌兹别克斯坦塔什干国立东方学院、撒马尔罕国立外国语学院的 2 所孔子学院；塔吉克斯坦国立民族大学孔子学院。走访过的大学除上述大学的东方学系中文专业或中文系外，还有哈萨克斯坦克孜奥尔达州博拉夏克大学、阿拉木图的哈萨克土耳其大学、努尔苏丹市纳扎尔巴耶夫大学；塔吉克斯坦的塔吉克斯拉夫大学等。此外还有哈萨克斯坦的唯一一所哈国教育部认证的专门教中文的哈中语言学院。

遍的。从苏联时期起，俄语成为主要交际语言。中亚各国于 20 世纪 90
年代初先后独立后，都把主体民族语言作为国语，并且直到现在各国政府
都在坚持不懈地推行鼓励国语的语言政策。但由于中亚与俄罗斯在经济等
各个方面都有着紧密联系，俄语仍有重要影响力，占据着官方语言或交际
通用语言的地位。从语言经济因素来看，中亚五国每年每个国家都有 200
万左右的年轻人赴俄罗斯打工或留学，俄语地位主要靠打工经济或留学经
济拉动，打工成功者在俄罗斯有了较好地位，因此俄语至少目前还没有减
弱的趋势。近些年来，特别是"一带一路"倡议提出以来，中国企业大量
进入中亚开展建设和贸易，而中欧班列开通后主要从中国西部途经中亚到
达欧洲，这些因素带动了中文急速升温。可以说，中文地位靠当地打工就
业经济和"留学中国热"拉动。从语言教育因素来看，俄语教育一方面得
到中亚国家中产阶层的认可，从幼儿园、基础教育到高等教育都得到了保
障，俄语地位相对稳定。中文教育得力于中国与中亚各国多年稳定的外交
关系和持续的经济发展，呈现快速上升趋势。这体现在中亚来华留学生数
量猛增，当地孔子学院和孔子课堂非常受欢迎，当地出现中文语言学院，
幼儿园、小学、中学教育中也渐渐有了中文课程。从商贸因素来看，中国
成为经济大国带动了周边贸易的飞速发展，既需要高层次商贸人才，也需
要普通商贸交易中的语言翻译，带动了"中文商贸语言培训热"。

　　这一切都需要我们搭建语言桥梁，一方面注重高层次中文人才的培
养，培养出民心相通的"中文通"人才，通过中文在中亚的传播将中国文
化中的精髓传播到中亚；另一方面注重高层次俄语和中亚各国官方语言人
才的培养，培养出民心相通的"外语通"人才，将中亚各国优秀的文化和
文明介绍、传播到中国来。同时，也需要当地的中文教育尽快培训出适应
"一带一路"发展的普及型中文学习者和使用者。

二、艺术

　　艺术用形象和美感来反映现实，包括文学、书法、绘画、雕塑、建
筑、音乐、舞蹈、戏剧、电影、曲艺等。中国和中亚各国的传统艺术也是
跨越国界的民心相通的重要体现形式，在艺术的熏陶中中亚各国与中国人
民之间的友谊也将源远流长。未来的世界是合作的世界，不交往和不合作

是不可能生存的。双赢不是单赢，更不是两败俱伤，而是互通有无、互惠互利。中国与中亚国家的艺术交往和互动有着深厚的历史渊源，"一带一路"倡议提出之后，其频率更是明显增加。我们通过互联网和微信新媒体的报道就可看出，2015 年后，这种交流的频次在飞速增长。报道包含的内容，既有在中国各省市举办的各种中亚与中国艺术家合作的艺术展览，也有在中亚各国举办的中国文化艺术展览，还有各种艺术团体和作家代表团等的互访，更有中亚留学生及中国留学生在对方国家学习双方的艺术文化。随着越来越多的艺术交流与合作，中国与中亚必将迎来"丝绸之路经济带"文化艺术的繁荣和兴旺。

在中国与中亚的艺术交流中，最动人的故事就是中国音乐家冼星海的故事。1940 年，冼星海根据党中央的指示，到莫斯科为纪录片《延安与八路军》进行后期制作和配乐。1941 年 6 月德国法西斯侵略苏联，苏联卫国战争爆发。冼星海取道蒙古回国受阻，辗转流落到哈萨克斯坦当时的首府阿拉木图。他居无定所，食不果腹，贫病交加。一次音乐会曲终人散后，哈萨克斯坦音乐家巴赫特江·巴依哈达莫夫见到怀抱小提琴的冼星海，于是将冼星海带回家中，尽管自己的家人也是常常挨饿，但他仍然收留了冼星海。在此期间，冼星海创作了著名的交响诗《阿曼盖尔德》。后来，冼星海病重转到莫斯科进行治疗，1945 年病逝于莫斯科。由于这段感人的故事，1998 年，冼星海在阿拉木图居住过的街道被正式更名为"冼星海大街"（周晓沛，2016）。2013 年习近平主席访问哈萨克斯坦时，在讲话中提到了冼星海受到哈萨克斯坦音乐家帮助的动人事迹。[1] 中哈两国电影人受此启发，于 2017 年开始合作拍摄由这段故事改编的电影《音乐家》，并于 2019 年正式上映。在上海大学的校园，树立着乌兹别克斯坦著名文学家、诗人阿里舍尔·纳沃伊的雕像，这是中乌两国人民深厚友谊源远流长的象征。在 2018 年的春节晚会上，哈萨克斯坦著名诗人阿拜·库南巴耶夫的诗句"世界有如海洋，时代有如劲风，前浪如兄长，后浪是兄弟，风拥后浪推前浪，亘古及今皆如此"在冯巩的小品《我爱诗词》中亮相，成为中哈友谊的见证。吉尔吉斯斯坦著名作家艾克马托夫的多篇

---

① 参见习近平《弘扬人民友谊 共创美好未来——在纳扎尔巴耶夫大学的演讲》，2013 年 9 月 7 日新华社报道，http://www.xinhuanet.com/politics/2013-09/08/c_117273079.htm。

作品被翻译成中文，为广大中国文学爱好者所喜爱，其中的《白帆船》还曾被收录进语文课外读物中。塔吉克斯坦的著名诗人鲁达基的作品也为中国许多中亚诗歌爱好者所熟知。土库曼斯坦诗人马赫图姆库里的诞辰纪念活动也曾在北京举办。以上这些都是中国与中亚文学艺术交流的例证。

第四节　民间心相通　共建丝绸路

加强丝绸之路沿线各国的多元文化交往，还要植根于各国民间进行多层次、多领域的交流和对话，增进各国人民之间的相互了解和传统友谊。只有各国民间各方人士广泛参与教育、学术、科技、体育、艺术等不同领域的人文交流，才能奠定多元文化交往的坚实基础。各国之间除了政府层面上的语言文化艺术的交流之外，民间的来往和交流也是消解文化隔阂、增进相互情感的重要方面。

从交流的形式上来看，民间交流更多地需要借助民间的现有力量。比如借助中亚国家华人华侨的社会影响力，通过华人华侨的各种团体和联合会、华文学校等来介绍中国的文化艺术并推荐中亚国家各方面人员来华考察，特别是教育层面，如开展中小学生、高校学生的暑期来华交流和学习活动。从中国的国情来看，需要借助日益增长的中亚国家来华留学生和来华工作人员的力量将中亚的优秀文化和艺术介绍到中国，也需要更多的中亚国家人民来华经商、旅游。

从内容上来看，民间交流须依靠中亚的地缘优势，将中国的节日、礼仪、风土人情、语言艺术、文学作品、名胜古迹、著名建筑等介绍到中亚各国；也须将中亚各国的节日礼仪习俗、文学名著、歌舞艺术、建筑风格等介绍到中国。通过这些民间的文化交流和多姿多彩的文化推介传播，使得中国与中亚在情感上越走越近，在"一带一路"建设中发挥更大的作用，使得新丝绸之路越来越通畅，以此带动"丝绸之路经济带"沿线国家的经济发展。

昔日巍巍昆仑、皑皑天山承载了历史上华夏文明与西域文明交流交往的许多传说。《庄子》的"天地篇"记载了华夏人文始祖轩辕黄帝登临昆仑山的故事；《史记》和《列子》中记录的周穆王西巡昆仑天山会见西王母的故事流传至今，天山上的天池就是传说中西王母的梳妆镜，而伊犁的赛里木湖则被比作大西洋的最后一滴眼泪。

　　生活在天山和昆仑山下的中亚各个国家，民间也流传着许多动人的传说。吉尔吉斯斯坦的伊塞克湖有"中亚明珠"之美称，是终年不结冰的"热湖（热海）"。唐朝诗人岑参留下了"侧闻阴山胡儿语，西头热海水如煮"的名句；当年玄奘西行，路过伊塞克湖，在《大唐西域记》中谓之为"大清池"；伊塞克湖西北岸就是托克玛克，这里古称碎叶，是中国伟大诗人李白的出生地，可以想象得到李白诗歌中那些雄奇秀美的名山大川，也一定有着伊塞克湖的影子。哈萨克斯坦与中国新疆伊犁接壤，共享天山这一世界自然遗产，主体民族语言文化和风俗习惯与中国的哈萨克族相似，著名的哈萨克族阿肯弹唱也是共有的艺术形式。美丽的大草原，神奇的阿勒泰山连接着两国，让两国人民共享着美好的哈萨克文化艺术。2015年11月10日，《我们和你们：中国和哈萨克斯坦的故事》中、俄文版首发式在哈萨克斯坦驻华使馆举行。中国外交部和哈萨克斯坦外交部门相关领导出席首发仪式。这部书由中国前驻哈萨克斯坦大使周晓沛主编，由中哈双方20多位作者共同撰写，以"弘扬丝绸之路精神，传承两国人民友谊"为主题，全面、真实地再现了建交20多年来两国发生的巨大变化及双边关系稳步发展的历程，歌颂了两国人民心心相印、亲如手足的传统情谊。塔吉克斯坦是中亚五国中唯一属于波斯语族的国家，跟中国的塔吉克族有着一定关联，语言虽不同，但都是古波斯语言的不同分支。两国的塔吉克族有着共同的民族习俗，如都崇拜雄鹰，视展翅高飞的雄鹰为图腾标志等。乌兹别克斯坦的文化也与中国古代的西域息息相关。土库曼斯坦是闻名世界的汗血宝马的故乡，在历史上从汉代就跟中国结下不解之缘。今天的土库曼斯坦对中国来说仍是最神秘的中亚国家，也是我们了解最少的国家，但随着西气东输工程的实施，沿着新疆输气管道而来的土库曼斯坦的天然气就燃烧在中国的北京和其他许多城市的家庭里。

　　中国的"一带一路"，是开放之路、包容之路、合作之路、共赢之路。这条新丝绸之路，用民心相通搭建起沿线国家共通共融的心灵之桥和友谊之桥，为中国和"一带一路"沿线国家的经济腾飞和共同繁荣助了关键之力。

参考文献

郭宪纲，姜志达，2015."民心相通"：认知误区与推进思路——试论"一带一路"建设之思想认识[J]．和平与发展（5）．

何理，2016."丝绸之路经济带"机遇与挑战研究[J]．中国商论（1）．

刘洁，2015．民心相通世界大同[J]．中国投资（2）．

吴宏伟，2015．新丝路与中亚——中亚民族传统社会结构与传统文化[M]．北京：社会科学文献出版社．

周晓沛，2016．我们和你们——中国和哈萨克斯坦的故事[M]．北京：五洲传播出版社．